Michiaki und Hildegard Horie

Depression –
Wege aus dem Dunkel

Eine medizinisch-seelsorgliche Studie

R. BROCKHAUS

R. Brockhaus Taschenbuch Bd. 489

© 1993 R. Brockhaus Verlag Wuppertal und Zürich
Umschlaggestaltung: Carsten Buschke, Solingen
Umschlagfoto: Orion Press – ZEFA, Düsseldorf
Gesamtherstellung: Breklumer Druckerei Manfred Siegel KG
ISBN 3 - 417 - 20489 - 5

INHALT

EINLEITUNG
Eine Bestandsaufnahme

Depressionen sind das vorherrschende Bild der Menschheit des ausgehenden zwanzigsten Jahrhunderts. Trotz all des verzweifelten Mühens, sich abzulenken und sich zu vergnügen, will es doch nicht gelingen: Das Lachen klingt gezwungen; denn es kommt nicht von innen heraus. Es ist ein gestelltes Lachen; ein Lachen, das etwas erreichen will, das kalkuliert. Tief drinnen aber ist der Mensch in einer dumpfen Verzweiflung gefangen. Er möchte aus diesem dunklen Kerker heraus – doch er kann die dicken Mauern seiner Traurigkeit nicht durchbrechen, und all die Bemühungen, sich aufzuheitern, können nicht darüber hinwegtäuschen, daß der Mensch krank ist. Viele Symptome weisen darauf hin, und eines der häufigsten ist die Depression.

Wir wollen die verschiedenen Gesichter solch eines depressiven Phänomens ein wenig näher betrachten, zunächst als Krankheit, also primär von der medizinischen Sicht her, aber dann auch als unbewältigtes Lebensproblem, um schließlich nach Wegen zu suchen, die zu einer Veränderung führen, einer Heilung.

Nun ist das Geflecht einer Depression so umfangreich, daß es unmöglich ist, auf wenigen Seiten dieses ganze verwickelte Lebensgefüge auseinander zu nehmen und mit wissenschaftlicher Genauigkeit zu analysieren. Wir werden daher eine eher grobe Linie aufzeigen und dabei in unseren Ausführungen notgedrungen verkürzen, was in vielen Sachbüchern schon ausführlich behandelt wurde.[3] Unsere Absicht hier ist es, lediglich auf einigen Spuren hinzuweisen, denen der Leser selbst nachgehen kann, um für sein eigenes Leben daraus Schlüsse zu ziehen.

Die Depression

1. Gesichter einer Depression

Tag für Tag begegnen uns Menschen, die irgendwo am Ende angekommen sind; deren Schwermut so übermächtig geworden ist, daß die ganze Persönlichkeit dadurch verändert wird. Ja, selbst die nächsten Angehörigen können das veränderte Verhalten nicht mehr verstehen. Da berichtet ein Ehemann: »Ich weiß gar nicht, was mit meiner Frau los ist. Sie kann sich zu nichts mehr aufraffen. All das, was sie früher spielend geschafft hat, schafft sie jetzt nicht mehr. Ich kenne es gar nicht, daß sie auch nur einen Tag im Bett liegen blieb. Und jetzt ist sie kaum noch dazu zu bewegen, das Bett zu verlassen.« Oder eine Ehefrau klagt: »Ich kann einfach nicht mehr mit meinem Mann reden. Es ist, als gingen meine Worte durch ihn hindurch. Er sitzt nur da und starrt vor sich hin, und ich kann ihn nicht erreichen. Als kommunizierten wir auf zwei verschiedenen Ebenen.« Und wieder ein anderer berichtet von sich selbst: »Ich muß immerzu weinen und kann nicht einmal sagen, warum . . .«

– Wenn der Tag wie eine schwere Last auf einem Menschen liegt und alles wie in einen Nebel gehüllt erscheint;

– wenn jeder Schritt mühsam wird und die Seele wie von einer klebrigen Masse eingesponnen ist, daß sie sich nicht mehr erheben kann;

– wenn die Stimmen der anderen verhallen und nur noch der Wunsch zu vergessen lebendig ist –

dann sollten wir die Niedergeschlagenheit als Symptom einer Depression betrachten.

Daß unser Körper krank werden kann, akzeptieren wir alle. Schon eine einfache Infektion genügt, und unser Körper reagiert mit Fieber, Übelkeit oder Schmerzen. Wir wissen auch, daß unser Gehirn erkranken kann. Eine Entzündung im Gehirn oder ein Tumor oder ein schwerer Unfall, und das Gehirn kann so beschädigt werden, daß nicht nur die geistigen Funktionen gestört sind, sondern die gesamte Persönlichkeit sich verändert. Da kann einer, der bis dahin beherrscht und ruhig war, mit einem Male aggressive Züge zeigen; oder einer, der bis dahin voller Spannkraft war, zeigt sich jetzt leicht erschöpft usw. Das, was bis dahin einem Menschen selbstverständlich erschien, steht ihm plötzlich nicht mehr zur Verfügung. Ja, selbst die Wahrnehmung kann verändert sein.

Aber wie der Leib und der Geist krank werden können, kann auch die Seele erkranken. Die Emotionen eines Menschen können krank werden. Und oft geht eine Störung in die andere über.

Nun gibt es verschiedene Schweregrade einer Depression und auch sehr unterschiedliche Auslöser. Wir wollen uns hier lediglich auf die verbreitetsten beschränken, um einige Schwerpunkte zu skizzieren. Grob gesehen können wir drei verschiedene Depressionsformen unterscheiden[1]:

1. Somatogene Depression (somatogen = aus körperlicher Verursachung)

2. Endogene Depression (endogen = durch Anlagen, nicht durch äußere Einflüsse verursacht)

3. Psychogene Depression (psychogen = seelisch verursacht)

Bei der *somatogenen* Depression liegt die Wurzel in krankhaft veränderten Körperfunktionen, die schließlich eine bio-chemische Balancestörung im Gehirn nach sich ziehen. Eine somatogene Depression kann entweder durch eine Gehirnerkrankung, z.B. Trauma = Verletzung, Durchblutungsstörung, Tumor etc. ausgelöst oder durch eine allgemeine Erkrankung, z.B. eine Schilddrüsenunterfunktion hervorgerufen werden.

Aber auch die symptomatische, also körperlich begründbare Depression, wie wir sie beispielsweise im Rahmen einer Hypoglykämie (Unterzuckerung) beobachten, kann zu den somatogenen Depressionen gezählt werden. Sodann können gewisse Medikamente als Nebenwirkung eine symptomatische Depression hervorrufen, etwa Valium oder Reserpin, das gegen Bluthochdruck mit Erfolg eingesetzt wird, oder auch die sogenannte »Pille« zwecks Schwangerschaftsverhütung. Daher ist im Zweifelsfall immer eine ärztliche Konsultation zu empfehlen.

Zu den *endogenen* Depressionen zählt die monopolare und die bipolare Depression. Die monopolare Depression zeigt sich in einer phasenhaft wiederkehrenden Schwermut. Die bipolare Depression hat nicht nur die dunkle Schwere einer Depression, sondern als Gegenstück ein extremes Hochgefühl, die Manie. In einer Manie hat der Kranke keinerlei Krankheitseinsicht. Er hat sich in seinem ganzen Leben noch nie so wohl und tatkräftig erlebt. Doch dabei hat er den Bezug zur Realität verloren.

Auch hier wird eine bio-chemische Balancestörung im Gehirn als Ursache angenommen, wobei der auslösende Mechanismus noch nicht völlig geklärt ist.

Eine andere Ausdrucksform einer endogenen Depression ist die *Post-Partum-Depression*, die unmittelbar nach der Entbindung auftritt. Hier sehen wir einen engen Zusammenhang zwischen dem bio-chemischen Gleichgewicht einer hormonellen Umstellung und der psychischen

Verarbeitung. Schwingt nicht auch die Angst mit? Die Angst vor der neuen Verantwortung? Die neue Lebenssituation?

Solch einem Ineinander von inneren und äußeren Einflüssen begegnen wir auch bei der *Involutions-Depression,* unter der viele Frauen während oder nach der Menopause leiden. Sicherlich spielt die hormonelle Umstellung eine Rolle; aber zugleich ist da auch diese innere Auseinandersetzung mit dem neuen Lebensabschnitt.

Noch deutlicher wird der Zusammenhang zwischen Erlebnisverarbeitung und Depression bei den *psychogen* ausgelösten Depressionen. Hier ist die Depression Reaktion auf ein belastendes Ereignis.

Und nicht selten haben wir es mit einer Mischform zu tun, in der organische mit reaktiven Komponenten zusammenkommen, daher: endo-reaktive Depression.

Aber ganz gleich, welche Bezeichnung auch immer wir einer Depression geben wollen, immer ist der ganze Mensch betroffen.

2. Wie äußert sich eine Depression?

Eine schwere Depression können wir bereits an der Haltung und dem Gesichtsausdruck erkennen. Die Gesichtsmuskeln sind unbewegt, der Blick ist starr. Eine dumpfe Schwere lähmt die ganze Persönlichkeit. Selbst wenn dieser Mensch versucht zu lächeln, spiegelt sich darin doch seine Gedrücktheit, denn dieses Lächeln ist ohne Schwingung.

In einer schweren Depression ist der Kranke nicht einmal mehr fähig, das Bett zu verlassen. Er ist verstummt und unzugänglich und meidet alle zwischenmenschlichen Kontakte. Und wenn er sich aufrafft aufzustehen, ist er zu keinerlei Aktivität zu überreden. Oft weint er fassungslos, ohne einen Grund nennen zu können, oder er ist so erstarrt, daß er zu keiner Gemütsregung fähig ist. Als sei alles Leben in ihm erstorben.

Dann wieder verbindet sich – wie bei der agitierten Depression – die innere Unruhe und Angst mit einer Erregung, die von dem Kranken kaum unter Kontrolle gehalten werden kann.

Wer mit depressiven Menschen spricht, stößt immer wieder auf die Klage: »Ich kann mich nicht mehr freuen. In mir ist alles leer und stumpf.« Dieser Mensch ist für alles Schöne um ihn herum empfindungslos geworden. Dagegen zieht er alles Negative an wie mit magnetischer Kraft.

In allen Depressionsformen taucht das Gespenst der Angst auf. Eine Angst, die sich bis zur Panik steigern kann.

Stehen bei der einen Depression zwanghafte Verarmungsideen im Vordergrund, so bei einer anderen irgendeine Wahnvorstellung, die durch keine Überredungskunst korrigiert werden kann.

Dann wieder begegnen uns Depressionen, bei denen eine Schuldidee das Denken des Kranken beherrscht. Alles wird ihm zur Schuld. Er klagt sich unentwegt an und glaubt, sich für alles verantwortlich machen zu müssen. Die Vergangenheit ist eine einzige Anklage, die sich gegen ihn richtet. Selbst Dinge, die er nicht verschuldet hat, lastet er sich an. Und durch keine Beichte wird ihm eine Entlastung zuteil, so daß er zu dem Schluß kommt, Gott habe ihn verworfen, oder er ist davon überzeugt, die Sünde wider den Heiligen Geist begangen zu haben und daher keine Vergebung zu finden.

Überhaupt ist der Grübelzwang für eine Depression

charakteristisch. Und weil der Kranke so viel grübeln muß, kann er nur schlecht schlafen – oder auch umgekehrt: weil er nicht schlafen kann, muß er unentwegt grübeln. Als Folge davon wieder kann er sich nicht konzentrieren und klagt, vergeßlich geworden zu sein . . .

Der Depressive ist ausschließlich auf sich selbst fixiert und befindet sich in ständiger Selbstbeobachtung. Entweder beschäftigt er sich mit dem, was ein anderer ihm angetan hat, oder mit dem, was er selbst getan bzw. nicht getan hat. Immer aber ist er die Achse, um die sich sein Denken dreht. Und diese Ich-Verhaftung macht es ihm so schwer, mit der Umwelt zu kommunizieren. Er ist in seinem Problem total gefangen. Er kann einfach nicht zurücktreten, um aus einem gewissen Abstand eine Situation zu beurteilen. Er fühlt sich wertlos. Daher ist er gefährdet, seinem Leben selbst ein Ende zu setzen.

Aber nicht nur die Psyche ist betroffen, auch der Körper bringt Symptome der Schwermut zum Ausdruck. Die Haut ist schlaff, glanzlos, selbst die Haare sind stumpf.

Häufig ist der Verdauungstrakt in Mitleidenschaft gezogen. Auch fehlt der Appetit, so daß es zu einem Gewichtsverlust kommt. Der eine klagt über anhaltende Magenbeschwerden. Er meint, in der Magengegend einen Stein zu verspüren, der den Magen abdrückt; ein anderer über Spannungsschmerzen in der Brust oder er äußert das Gefühl, im Schraubstock zu sein oder unter einer Glasglocke zu leben. Durch die angespannte Körperhaltung können als Sekundär- Effekt Kopfschmerzen entstehen, die sich vom Nacken bis in die Augengegend ziehen, ja, auch die Lendenwirbel können betroffen werden . . . Wieder ein anderer befürchtet, an einem schweren Herzfehler zu leiden, weil sein Herz stolpert und rast, so daß man kaum den Puls zählen kann, was wiederum die Angst verstärkt, wodurch es zu Schweißausbrüchen kommen kann und zu allen nur denkbaren hypochondrischen Beschwerden.

Doch nicht alle Depressionsformen sind unbedingt an dem äußeren Erscheinungsbild so leicht zu erkennen. Eine Depression ist ja kein Defekt an einer Maschine, sondern eine Störung in einem lebendigen Organismus, der sehr individuell gesteuert wird.

Durch eine Depression können die verschiedensten körperlichen Symptome hervorgerufen werden, ohne daß ein organischer Befund vorliegt. Dabei kann der Depressive fest davon überzeugt sein, an einer organischen Krankheit zu leiden, denn er spürt ja subjektiv all diese Beschwerden. Und diese Beschwerden sind nicht eingebildet, sondern tatsächlich vorhanden – aber dennoch nicht organisch bedingt, sondern durch eine Dekompensation der vegetativen Balance hervorgerufen – wie wir noch sehen werden. Und sobald die Depression abklingt, sind oft genug auch die Beschwerden nicht mehr da.

3. Die larvierte Depression[2]

Das Bild einer larvierten oder maskierten Depression ist so vielschichtig und wechselhaft, daß es nur sehr schwierig ist, hinter den vielseitigen Beschwerden eine Depression zu erkennen. Stellen Sie sich die Schaltstelle in einem Cockpit eines Großraumflugzeuges vor, auf der ständig irgendein anderes Lämpchen aufflackert. Mal zeigt es eine Störung im Getriebe, mal im Tank, dann wieder in der Mechanik . . . Sobald jedoch der Ingenieur diesen einzelnen Hinweisen nachgeht, findet er nichts. So vermutet er schließlich irgendeinen Wackelkontakt in der Elektronik.

Ähnlich verhält es sich bei der sogenannten larvierten Depression mit ihren vielfältigen vegetativen Beschwerden. Hier fehlen diese typischen depressiven Merkmale, so daß die Betroffenen sich selbst nicht als depressiv erkennen und zunächst wegen körperlicher Beschwerden ihren Hausarzt aufsuchen, dann zu einem Internisten weitergereicht werden. Aber selbst wenn eine Gallenoperation vorgenommen würde, die Gastritis behandelt oder das Herz eine entsprechende Unterstützung erführe, würde sich doch das Zustandsbild nicht ändern. So werden diese Kranken endlich als Hypochonder abgestempelt oder als Psychopathen aufgegeben. Und das verstärkt noch die Verzweiflung dieser Kranken. Setzt dann jedoch eine gezielte antidepressive Behandlung ein, können all diese geklagten vegetativen Beschwerden unter Umständen innerhalb kurzer Zeit verschwinden.

Der Unterschied zwischen einer endogenen und einer larvierten Depression kann in der Krankheitsdauer gesehen werden, wobei eine endogene Depression in Phasen verläuft mit deutlicher Tagesschwankung, während eine larvierte Depression sich über Jahre hinziehen kann, wenn keine medikamentöse Behandlung erfolgt. Es kann hier von einer generellen Adaptationsschwäche allen Belastungen gegenüber (Birkmeyer) gesprochen werden, und zwar sowohl gegenüber psychischen als auch physischen Belastungen.

Zusammenfassend können einige Bereiche aufgezeigt werden, bei denen im Rahmen einer Depression eine Störung auftritt. Diese Störungen zeigen sich im Bereich der Emotionen, der Motivation, der Selbsterhaltung und der Sexualität.

Im Bereich der *Emotionen* herrscht eine Gedrücktheit, die keine Lebensfreude aufkommen läßt: Hoffnungslosigkeit, Schwere und Mutlosigkeit.

Die Störung in der *Motivation* zeigt sich in Lustlosigkeit, Antriebslosigkeit, in Denk- und Gedächtnisstörung, so daß die allgemeine Leistungsfähigkeit stark herabgesetzt wird.

Im Bereich der *Selbsterhaltung* kommt es zu Störungen der vegetativen Funktionen, einschließlich von Verdauung und Schlaf. Die gestörte Sexualität hat dann wiederum psychische Auswirkungen im zwischenmenschlichen Bereich zur Folge.

Doch wollen wir hier kurz noch auf das Gegenbild einer endogenen Depression eingehen:

4. Die Manie

Nach Huber (1974) ist bei etwa 66 % derer, die an einer endogenen Depression erkranken, das depressive Bild vorherrschend. Etwa 28 % dieser Kranken, die soeben noch in einer dumpfen Teilnahmslosigkeit dahin dämmerten, werden plötzlich wie durch einen unwiderstehlichen Sog in eine Hochstimmung versetzt, so daß man den Eindruck gewinnt, als würden diese Menschen von einer Lebenslust getrieben; als müßten sie all das Versäumte nachholen. Sie fühlen sich unbeschreiblich wohl und spüren eine fast übermenschliche Kraft in sich und lassen sich zu Aktivitäten hinreißen, die ihre Fähigkeiten weit übersteigen. Sie leben in einem Wahn und meinen, zu den größten Taten fähig zu sein und das Unmögliche vollbringen zu können. Sie reden beinahe pausenlos und lachen und stecken voller Einfälle und geben sich überaktiv. Sie sind jedoch nicht in der Lage, die Konsequenzen ihres Verhaltens zu überblicken. So schließen sie Verträge, die später juristisch nur schwer wieder rückgängig gemacht werden können. Wenn man ihnen sagt, daß sie krank sind, reagieren sie empört.

Ich erinnere mich an einen jungen Mann, der von seinen besorgten Angehörigen zu mir gebracht wurde. Als ich ihm Medikamente verschreiben wollte, lachte er nur schallend und rief: »Ich krank? Herr Doktor, Sie sind krank. Ich bin vollkommen gesund! Ich habe mich noch nie so wohl gefühlt. Ich müßte Sie behandeln!« Und dabei war er drauf und dran, ganze Ladenketten aufzukaufen, ohne auch nur einen Pfennig zu besitzen.

Solch ein Hoch, verbunden mit einer unrealistischen Selbsteinschätzung, kann einige Wochen, ja auch einige Monate andauern, bis sich wieder das gesunde Realitätsbewußtsein einstellt. Und nicht selten geht solch eine Hochstimmung sogleich über in ein neues Tief, als seien alle Reserven des Körpers vorschnell aufgebraucht.

Bei der überwiegenden Mehrzahl der Erkrankten finden wir die Manie im Wechsel mit einer Depression, oder aber nur die depressive Ausdrucksform. Lediglich bei etwa 6 % kommt es ausschließlich zu der manischen Form dieser Erkrankung.

5. Was geschieht bei einer Depression?

Wenn ein Computer einen Defekt aufweist, kann ein Fachmann verhältnismäßig leicht die Fehlerquelle entdecken. Anders ist es beim Menschen. Unser Körper verhält sich zwar auch nach einer bestimmten Gesetzmäßigkeit, doch ist es kaum möglich, eine allgemein gültige Aussage zu machen.

Versuchen wir nun, den Verlauf einer Depression zu rekonstruieren, ergibt sich folgendes Bild:

Die Psyche signalisiert eine dumpfe Schwere. Mutlosigkeit. Hoffnungslosigkeit. Der Geist folgert: Schuld. Verarmung, Abgelehntwerden ...

Der Körper reagiert mit Schlaflosigkeit, Gewichtsverlust, Kopfschmerzen, Herzbeschwerden, Verspannungen ... Oder auch in umgekehrter Reihenfolge, so daß wir uns fragen: Wer signalisiert zuerst? Der Körper? Die Psyche? Der Geist?

Die Grenzen lassen sich nicht ohne weiteres ziehen. Eins hängt mit dem anderen zusammen, und in der Tat ist es ein ständiges Ineinanderarbeiten von Seele, Geist und Leib.

Fest steht, daß bei einer Depression das vegetative – also das dem Willen nicht unterworfene, sondern autonome – Nervensystem außer Kontrolle geraten ist. Aber läßt sich dieses Störfeld genauer einkreisen?

Eine reaktive Depression ist bis zu einem gewissen Grad gedanklich nachzuvollziehen, solange die Schwere in einem gewissen Verhältnis zu dem Auslöser steht. Doch was geschieht bei einer endogenen Depression, die ja bekanntlich in erster Linie durch den gestörten Stoffwechsel im Gehirn bedingt ist?

In den letzten Jahren sind bemerkenswerte Entdeckungen in der Depressionsforschung gelungen, so daß sich die Aufmerksamkeit verstärkt auf das *Limbische System* richtet, und es wird vermutet, daß bei Depressionen die Nachrichtenübermittlung im Zentralen Nervensystem gestört ist. Man nimmt an, daß eine endogene Depression durch eine Fehlsteuerung in unserem Gehirn hervorgerufen wird und zwar in den Synapsen, diesen winzigen Verbindungsstellen zwischen den einzelnen Nervenbahnen. So ist eine Hypothese, daß das Zusammenspiel der präsynaptischen Endknöpfchen und postsynaptischen Rezeptoren nicht funktioniert, also die Nachrichtenübertragung der Nervenbahnen gestört ist.

6. Unser Gehirn, die Schaltzentrale[4]

Unser Gehirn arbeitet wie eine äußerst komplizierte Schaltzentrale, in der alle Impulse sortiert, zusammengefaßt, gespeichert oder weitergegeben werden. Es ist die eigentliche Steuer- und Kontrollinstanz für den gesamten Organismus. Jede Wahrnehmung wird hier empfangen, jede Bewegung gesteuert, jeder emotionale Ausdruck von hier bestimmt. Auch Atmung und Kreislauf werden vom Gehirn aus reguliert; das Sprachvermögen hat im Gehirn seinen Sitz; ja, selbst der Charakter wird hier gebildet. Alle Lebensäußerungen haben im Gehirn ihr eigentliches Zentrum.

Innerhalb der neurophysiologischen Forschung gewinnt heutzutage das sogenannte Limbische System eine immer größere Bedeutung.

Wenn wir in der Anatomie vom Limbischen System sprechen, so sind damit die Teile des Zentralen Nervensystems gemeint, die wie ein Ring oder Gürtel um den Hirnstamm angeordnet sind (Limbus = Saum, Gürtel). Das Limbische System ist praktisch die innerste Struktur, die Hirnstamm und Hirnrinde verbindet.

Mit ziemlicher Sicherheit vermutet man heute, daß im

Abbildung 1

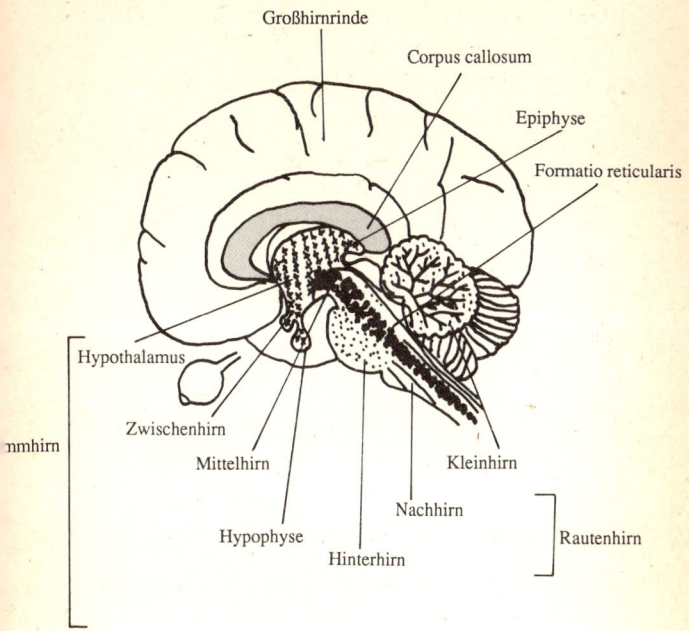

Großhirnrinde

Corpus callosum

Epiphyse

Formatio reticularis

Hypothalamus

Zwischenhirn

nmhirn

Mittelhirn

Kleinhirn

Nachhirn

Hypophyse

Hinterhirn

Rautenhirn

Bereich des Limbischen Systems Sinneswahrnehmungen in codierte Emotionen umgesetzt werden.

Werden der Hirnrinde primär intellektuelle Fähigkeiten zugeschrieben wie bewußte Wahrnehmung, analytisches und abstraktes Denken, Phantasie, Musik, Sprache usw., so steht das Limbische System mit der Organisierung von Emotionen und Motivationen in engem Zusammenhang.

Das Limbische System besteht aus einer Reihe von Kerngebieten; die bekanntesten sind der Hippocampus sowie Mandelkern und der Fornix, ein Faserbündel, das wie eine Wurzel das Limbische System durchzieht. Das

Abbildung 2   Limbisches System

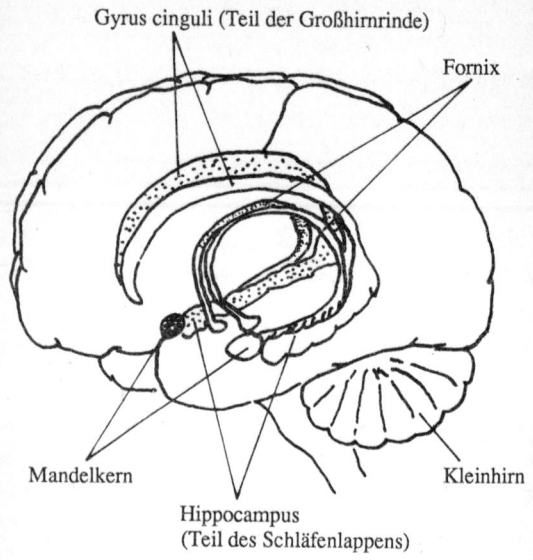

Gyrus cinguli (Teil der Großhirnrinde)

Fornix

Mandelkern

Kleinhirn

Hippocampus
(Teil des Schläfenlappens)

Limbische System ist über stark entwickelte Faserstränge mit dem Hypothalamus verbunden, und man geht davon aus, daß dieser vom Limbischen System kontrolliert wird, also dem Limbischen System unterstellt ist. Der Hypothalamus aber ist die Hauptschaltstelle für diverse vegetative Funktionen, so daß das Limbische System auch für die Regulierung des vegetativen Nervensystems mitverantwortlich ist.

Jeder Impuls löst eine Unmenge von Nebenreizen und Reflexen aus, so daß eine unübersehbare Vielzahl von Schaltungen der verschiedensten Nervenbahnen fast gleichzeitig erfolgen. Die neuesten Forschungen haben ergeben, daß sämtliche Sinnesbahnen durch Nebenbahnen mit dem Limbischen System verbunden sind. Das würde bedeuten, daß jeder Sinnesreiz, ganz gleich, ob es sich um Sehen oder Riechen handelt, Hören oder Fühlen, vegetativen Charakter und emotionale Nuancierung erhält.

7. Wie verläuft eine Informationsvermittlung?

Eine Informationsübertragung im Nervensystem geschieht durch zwei verschiedenartige Mechanismen. Es sind einmal die elektrischen Wellen, die in hoher Geschwindigkeit die Nervenfaser entlang laufen, zum andern die Übertragung in Synapsen auf bio-chemischem Wege.

Doch betrachten wir solch eine Nervenverbindung etwas näher: Die kleinste funktionelle Einheit des Nervensystems ist das Neuron.

Ein Neuron besteht aus einem Zellkörper (Soma), der den Kern (Nucleus) und eine Reihe von Zellorganellen enthält, die für den Stoffwechsel in den Zellen notwendig sind, sodann aus mehreren Dendriten, die aus dem Zellkörper erwachsen, sich wie ein dicht verzweigtes Geäst ausbreiten und wie winzige Antennen Impulse empfangen, und schließlich dem Axon, der Nervenfaser, die wiederum von nicht erregbaren Zellen wie eine Isolierschicht dicht umwickelt wird. Solch ein Axon kann eine Länge bis zu 1 m erreichen und sich bis zehntausendmal verzweigen. Die Abzweigungen werden Kollaterale genannt (latus = Seite). An den jeweiligen Endverzweigungen befinden sich winzige Knöpfe, über die eine Zelle mit anderen Zellen Kontakte schließt, sei es Kontakt mit einer anderen Nervenzelle oder auch einer Drüsen- bzw. Muskelzelle.

21

Das kleine Knöpfchen am Ende der Nervenfaser ist mit einem feinen dünnen Häutchen umspannt. Dieses Häutchen ist die Membran, die jede Zelle abschließt. Sie ist etwa 5 nm (millionstel Millimeter) dick und enthält Proteine, also Eiweißkörper, die in der Lage sind, Kanäle für Ionen, die elektrisch geladenen Teilchen, zu öffnen oder zu schließen.

Die einzelnen Zellen kommen nun nicht unmittelbar mit anderen Zellen in Berührung, vielmehr ist dieses verdickte Nervenende durch einen winzigen Spalt von der Wand der Nachbarzelle getrennt. Diese ganze Kontaktstelle, also das Nervenende mit dem dazwischenliegenden Spalt und der Membran der Nachbarzelle, wird Synapse genannt (griech. synapto = eng umgreifen).

Die Synapse ist eine Umschaltstelle zur biochemischen Übertragung elektrischer Signale. Wird nun solch eine Synapse elektronenmikroskopisch um ein Vielfaches vergrößert, sehen wir eine Ansammlung von Bläschen, sog. Vesikel, die Neurotransmitter enthalten, eine bio-chemische Trägersubstanz.

Neurotransmitter spielen bei der Entwicklung und Behandlung einer Depression eine wichtige Rolle. Es sind uns ca. hundert verschiedene Transmittersubstanzen im Gehirn bekannt, davon stehen drei u.a. eng mit der Entstehung einer Depression im Zusammenhang. Diese drei sind: Serotonin, Noradrenalin und Dopamin.

Ein Mangel an Serotonin im Hirnstamm führt zu einer biochemischen Balancestörung, wodurch Noradrenalin Übergewicht erhält. Serotonin ist als Schlaftransmitter bekannt. Ein Mangel an dieser Substanz ruft nicht nur Schlafstörungen hervor, sondern auch andere vegetative Funktionsstörungen.

Noradrenalin ist im Zusammenhang mit der Aktivität

Abbildung 3

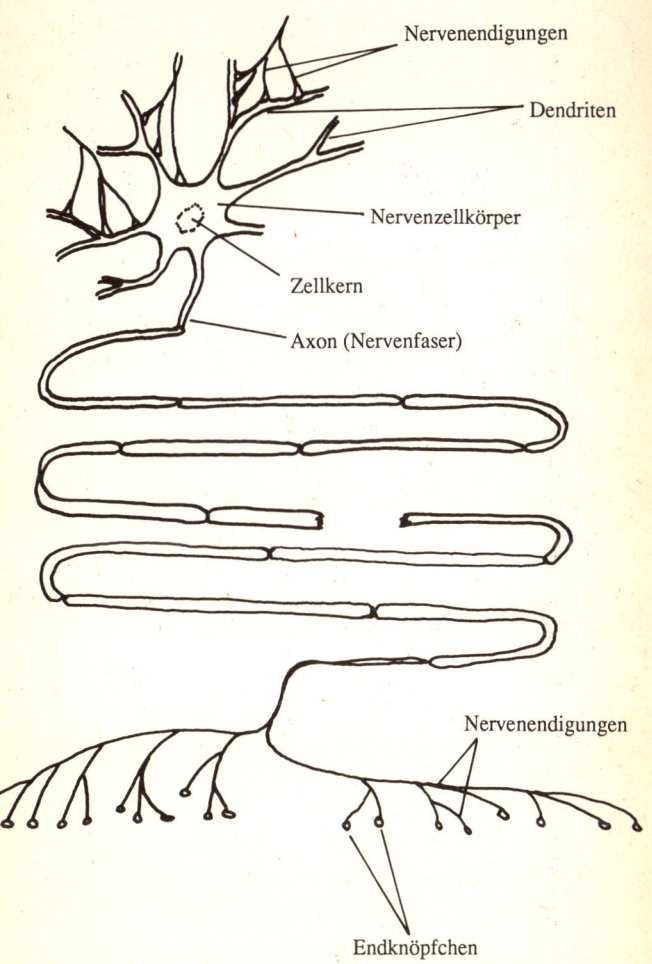

Neuron

Nervenendigungen

Dendriten

Nervenzellkörper

Zellkern

Axon (Nervenfaser)

Nervenendigungen

Endknöpfchen

bekannt, ein Mangel dieser Substanz zeigt sich u. a. in einer affektiven Apathie, ein Zuviel an Noradrenalin jedoch löst Angstattacken aus. Dopamin hat vor allem im Zusammenhang mit der Schizophrenie Beachtung gefunden, doch wird Dopamin – nach Birkmeyer – als biochemischer Transmitter für den Antrieb schlechthin betrachtet. Serotonin- und noradrenalinhaltige Synapsen sehen wir am meisten konzentriert im Limbischen System.

Wenn wir nun die Nachrichtenübermittlung noch einmal zusammenfassend betrachten, ergibt sich – wieder grob gesehen – folgendes Bild:

Die Dendriten, also dieses verzweigte Geäst, empfangen einen elektrisch codierten Impuls, den sie über das Axon, die Nervenfaser, weiterleiten. Wenn nun die positiv geladenen (Kalzium) Ionen in den Pool, das Lager, dringen, werden die Vesikel, die kleinen Bläschen, veranlaßt, bio-chemische Neurotransmittersubstanzen auszuschütten, die dann durch den kleinen Kanal über den Spalt zu dem Rezeptor der Nachbarzelle gelangen und hier wiederum einen Kanal öffnen für die ebenfalls positiv geladenen (Natrium) Ionen, so daß das empfangene Signal als elektrischer Impuls weitergegeben werden kann – wie bei einem Staffellauf. Hier sprechen wir von einer aktivierenden Funktion. Nachdem nun die Neurotransmitter von dem Rezeptor der Nachbarzelle empfangen wurden, kehren sie zu ihrem Ursprungslager wieder zurück.

Solch eine Nachrichtenübertragung geht im Bruchteil von Sekunden vor sich und in einer derart dichten Folge, daß sowohl im Spalt als auch im Lager, dem Pool, ständig Transmittersubstanzen vorhanden sind.

Bei einem zu niedrigen Neurotransmitterspiegel im synaptischen Spalt ist der bio-chemische Stoffwechsel im Körper gestört, wodurch eine Depression hervorgerufen werden kann. Durch zusätzliche Gaben bestimmter Substanzen (z.B. Antidepressiva), kann jedoch das bio-chemische Gleichgewicht wiederhergestellt werden.

An einem Neuron, also einem Nervenzellsystem, das aus Nervenzelle, dem Dendritengeäst und dem Axon besteht, können bis zu 10 000 Synapsen sein, die von hundert und mehr verschiedenen Nervenzellen stammen können. In ihrer jeweiligen Funktion sind die Synapsen nicht gleich, vielmehr entgegengesetzt mit einer anregenden oder aber hemmenden Funktion. Doch beide arbeiten nach dem gleichen Prinzip, nur mit dem Unterschied, daß der Strom in die entgegengesetzte Richtung fließt.

Das hemmende Axonterminal, also die inhibitorische Synapse mit den flachen Vesikeln, entläßt aus seinem Lager einen hemmenden Neurotransmitter als Vermittler, der wiederum mit seinem speziellen Rezeptor der Nachbarzelle sich verbindet, wodurch ein Ionenkanal frei wird, dessen Durchmesser jedoch kleiner ist, so daß es den großen Natriumionen nicht möglich ist, einzuströmen. Durch das Ausströmen der positiven Kalium-Ionen und Einströmen der negativen Chloride-Ionen entsteht eine negative Ladung in der Zelle auf der postsynaptischen Seite. Daher empfängt eine Nervenzelle entgegengesetzte Befehle.

Eine Nervenzelle, die von vielen Synapsen Impulse erhält, wird also von der einen Synapse aktiviert und dadurch veranlaßt, einen Impuls auszusenden, und zugleich von einer anderen Synapsenbewegung gehemmt, was zu einer Behinderung führt.

Erst dann, wenn die aktivierende Synapsenbewegung wesentlich stärker ist als die Hemmung, entsendet das Neuron ein Signal nach dem Alles-oder-Nichts-Prinzip,

25

d.h. der Reiz muß eine bestimmte Stärke erreichen, um eine Reaktion auszulösen. Die Reaktion aber bleibt konstant.

Die präsynaptischen Endknöpfchen und postsynaptischen Rezeptoren befinden sich in einem ständigen Spiel der Anpassung zueinander. Wenn beispielsweise zu viel Transmitter freigesetzt werden – was vermutlich bei Streß der Fall ist – reduziert sich die Sensibilität der postsynaptischen Rezeptoren, um eine Überbeanspruchung der Nervenfaser zu verhindern.

Wenn dagegen zu wenig Transmitter im synaptischen Spalt vorhanden sind, wird angenommen, daß sich die Sensibilität des postsynaptischen Rezeptors erhöht. So ist der Körper stets bemüht, ein Gleichgewicht herzustellen.

Das alles ist ein unvorstellbar komplexer Vorgang. Und wenn wir bedenken, daß gleichzeitig von unzähligen Kontaktstellen Impulse ausgehen, wobei es beinahe wie Rivalität anmutet, die zwischen den einzelnen Synapsen besteht, ahnen wir, daß dieses gesamte Schaltsystem des Zentralen Nervensystems mit seinen vielen Milliarden Verbindungen uns Menschen noch immer ein Geheimnis ist.

Und diese Leiterfunktion ist nur eine Funktion der Nervenzellen, darüber hinaus haben sie noch viele andere Aufgaben zu erfüllen, bis hin zur Herstellung von Hormonen, so daß sie zu den aktivsten Zellen des gesamten Organismus gehören.

Bei einer Depression ist in den meisten Fällen der Transmitterspiegel im Limbischen System und Stammhirn zu niedrig. Wenn aber zu wenig Transmitter vorhanden sind, kann der elektrische Reiz nicht an die nächste Nervenfaser weitergegeben werden. Die Nachbarzelle erkennt das Dilemma und ist nun ihrerseits bemüht, diesen Mangel auszugleichen, indem sie mehr Rezeptoren zur Verfügung stellt,

um so viel wie möglich von den Transmittersubstanzen ein-
zufangen. Dadurch aber kann es zu einer Übersensibilisie-
rung der Zellen kommen. Eine andere Theorie spricht von
einem Ungleichgewicht zwischen den einzelnen Trägersub-
stanzen, also zwischen Noradrenalin und Serotonin.[2]

Wenn der Energiehaushalt im Organismus erschöpft ist,
kommt es zu einer biochemischen Dekompensation. Offensichtlich begünstigen die modernen Lebensbedingungen
weltweit ein Ansteigen der Depressionen, wobei die individuelle Leistungsfähigkeit immer mehr sinkt. Doch ist es
nicht so, daß wir schutzlos allen Einflüssen von außen preis-
gegeben sind. Wir verfügen über eine Reihe bewußter – und
unbewußter – Schutzmechanismen, mit deren Hilfe wir Eindrücke und Erlebnisse verarbeiten. Diese Verarbeitung jedoch ist von Mensch zu Mensch sehr unterschiedlich. Nicht
nur die Wahrnehmung kann unterschiedlich sein, sondern
auch die Interpretation und dementsprechend die Reaktion.

8. Wodurch wird eine Depression ausgelöst?

Über die Auslöser einer Depression ist viel gerätselt worden.
Einige Forscher vermuteten, daß Natrium eine Rolle spielt,
andere brachten die Depression in Zusammenhang mit dem
intrazellulären Kaliumabfall. Wir erwähnten bereits, daß gewisse Medikamente eine Depression auslösen können. So ist
bekannt, daß Amphetamine, die zur Bekämpfung einer Erschöpfung eingesetzt wurden, zwar eine vorübergehende
Energiesteigerung bewirkten, jedoch in einigen Fällen
gleichzeitig die Stimmungslage negativ beeinflußten, so daß
nach Abklingen der Wirkung eine Depression zum Aus-
bruch kam.

Sodann erwähnten wir die sogenannte Post-Partum-Depression, die manche junge Mutter überfällt, oder auch in den Jahren des Wechsels die sogenannte Involutionsdepression, wobei vermutlich körpereigene und äußere Einflüsse zusammentreffen. Daß die sogenannte endogene Depression genau wie beispielsweise Diabetes oder eine andere Stoffwechselerkrankung auf einen gestörten bio-chemischen Mechanismus zurückzuführen ist (und darum in erster Linie medizinisch behandelt werden muß – und auch behandelt werden kann), wurde schon lange in medizinischen Fachkreisen vermutet. Immer aber geht es um ein ständiges Ineinander von psychischen und physischen Faktoren. So kommt ein Mosaiksteinchen zum andern. Und wenn all diese Steinchen zusammengefügt werden, ist das Ergebnis Depression.

Insgesamt konnte von einer depressiven Entgleisung aufgrund einer mangelnden Anpassung gesprochen werden. Der Organismus ist einfach nicht mehr in der Lage, sich anzupassen. Er dekompensiert.

Nun ist die emotionale Belastbarkeit bei jedem Menschen unterschiedlich. Es gibt Menschen, die können einem außergewöhnlich starken Druck ausgesetzt sein, ohne daran zu zerbrechen, während ein anderer schon bei der geringsten Belastung versagt, so daß wir uns fragen müssen, ob die Toleranzschwelle einer Belastung nicht vielleicht sogar bereits in den Genen festgelegt ist. Sobald diese individuelle Anpassungsschwelle überschritten wird, kommt es zu einer enzymatischen Entgleisung im Stoffwechselvorgang des Organismus.

Wir wollen nun einige der Auslöser, die für die Entstehung einer Depression verantwortlich gemacht werden können, noch ein wenig näher betrachten:

a) Gefahrenquelle Nr. 1: Streß

Da sind zunächst äußere Streßeinwirkungen. Durch unsere leistungsorientierte Gesellschaftspolitik werden unsere Nerven beinahe ständig in Erregung gehalten, so daß es bei jedem von uns irgendwann zu einer Überbeanspruchung kommen kann. Überall werden Spitzenleistungen erwartet, wobei Teilaspekte überbeansprucht und andere Bereiche vernachlässigt werden. Nur selten arbeitet der Mensch noch ganzheitlich. Immer mehr werden spezielle Funktionen verlangt. Doch wenn kein entsprechender Ausgleich geschaffen wird, kann solch eine einseitige Dauerbelastung Probleme nach sich ziehen.

Nun mögen wir fragen: Waren die Menschen früher weniger Streßfaktoren ausgesetzt als wir heute? Es ist sicherlich so, daß sich in früheren Jahren nur die wenigsten Menschen einen Urlaub leisten konnten. Aber wenn wir dann sehen, wie Menschen heute ihren Urlaub verplanen, wundern wir uns nicht, daß der menschliche Organismus streikt. Überall Hektik. Alles ist in Bewegung. Flugzeuge tragen uns in wenigen Stunden von einem Kontinent zum anderen, und dann der Streß auf unseren Straßen! Eine Sekunde der Unaufmerksamkeit kann schon das Leben kosten.

So wird Tag um Tag dem Nervensystem das Äußerste abverlangt. Und Streß begegnet uns nicht nur auf den Straßen, auch am Arbeitsplatz. Streß vor den Computern. Die Zeichen zucken und überschlagen sich, daß unsere Augen kaum folgen können. Streß in den Kaufhäusern. Streß in unseren Familien. Oft werden sogar die Mahlzeiten in Hektik eingenommen, weil bereits eine wichtige Verabredung wartet.

Auch Geräusch bedeutet Streß. Bis in die verborgensten Winkel werden wir vom Lärm verfolgt. Nirgends ein Ort, an dem der Organismus sich entspannen kann. Und wer glaubt, durch das Fernsehen diesem Streß zu entrinnen, der setzt sich nur einem zusätzlichen Streß aus, wobei das gesamte Nervensystem in ständiger Anspannung und Erregung gehalten wird.

Aber nicht nur die äußeren Faktoren bedeuten Streß, es gibt auch innere Streßfaktoren. So bedeutet jede konfliktreiche zwischenmenschliche Beziehung Streß; vor allem jene langanhaltenden Konflikte, die sich über Jahre hinziehen und nie wirklich zum Ausdruck gebracht werden. Wie viele Erwachsene leiden noch immer an den Folgen einer frühen Mißhandlung, die das Selbstwertgefühl erschütterte und als unterschwelliger Streß die gesunde Entfaltung gefährdet. Oder auch die täglichen Konfrontationen, die so viel Energie verbrauchen, daß die Widerstandskraft schließlich nicht mehr ausreicht. Vor allem eine nicht harmonische eheliche Beziehung bedeutet eine akute Gefährdung.

Da ist die dominierende Ehefrau, deren Forderung der Ehemann sich ständig anpassen muß um des Friedens willen; oder die Ehefrau, der alle Verantwortung und Last der Familie aufgebürdet wird, weil der Ehemann sich weigert, mitzutragen. Und wie manch einer versucht, diesem Streß durch Drogen oder Alkohol zu entfliehen, und erkennt oft erst zu spät, daß er damit seinen Organismus noch mehr belastet und die Gefahr zu dekompensieren nur verstärkt.

Neben Familienkonflikten stehen Konflikte im Beruf. Für viele Menschen bedeutet der Beruf Sicherheit. Wenn einer jetzt erleben muß, daß ein anderer mehr gefragt ist, kann das zu einem großen Problem werden. Da versucht der Betreffende, alles aufzubieten, um zu beweisen, daß er noch Schritt halten kann oder sogar dem anderen überlegen ist. Oder – er resigniert und wird krank. Oft genügt ein kleiner Auslöser, selbst ein harmloser Infekt, und der Organismus hat keine Reserven mehr, mit dieser zusätzlichen Belastung fertig zu werden. Ältere Menschen sind hier in besonderer Weise betroffen aufgrund reduzierter biogener Amine.

So kommen oft zu äußeren Streßfaktoren noch die inneren hinzu.

Zu den inneren Streßfaktoren zählt in erster Linie der Verlust, ganz gleich, ob es sich dabei um einen realistischen oder imaginären Verlust handelt.

Ein realistischer *Verlust* wäre der *Tod*, etwa der Tod eines Kindes oder der Tod des Partners. Die veränderte Situation des Alleinseins bedeutet Streß. Die Zukunft ist wie ein unüberwindbarer Berg; hinzu kommt das veränderte Verhalten der Mitmenschen, sobald die erste Welle der Anteilnahme vorbei ist.

Da ist die Realität mit all den ungelösten Fragen, vor denen der Zurückgebliebene jetzt alleine steht. Niemand ist mehr da, der mit-denkt, niemand, der mit-trägt. Vielleicht kam diese Trennung völlig unvorbereitet; das bedeutet: Zerbruch der Träume, Zerbruch der langgeschmiedeten Pläne. Übrig bleibt die Verantwortung für die vielleicht noch unmündigen Kinder. Alle Entscheidungen müssen jetzt allein getroffen werden. Solch eine Umstellung kann einen Menschen derart hart treffen, daß er daran zerbricht.

Doch nicht nur der Tod des Partners bedeutet Streß, auch *Verlust* durch *Scheidung* fordert eine vermehrte Anpassung. Und heute haben wir es weitaus häufiger mit einem freiwilligen Auseinandergehen zu tun. Aber selbst dann, wenn eine Scheidung mit gegenseitigem Einverständnis vollzogen wird, kann solch eine Trennung der Grundstein für eine Dekompensation werden.

Vielleicht ist es dem Betreffenden zunächst gar nicht bewußt. Durch immer neue Auseinandersetzungen wurde er seit Jahren in Atem gehalten, so daß die Scheidung zunächst wie eine Erleichterung aussieht. Endlich allein. Aber wenn dann eine gewisse Zeit verstrichen ist, erscheinen die vergangenen Jahre vielleicht in einem ganz anderen Licht. Es mag sein, daß jetzt Selbstvorwürfe hinzukommen. Das Bewußtsein, versagt zu haben. Das Schuldgefühl den Kindern gegenüber. Vielleicht war eine neue Beziehung Grund der Trennung. Und plötzlich merkt man, daß auch diese Verbindung nicht das bringt, was man sich erhoffte. Die Enttäuschung. Die Verbitterung. Gegen wen soll man die Waffe richten?

Auch *Trennung* von den *Eltern* oder *Kindern* kann zu solch einer Belastung werden, daß jemand dekompensiert. Vor allem dann, wenn es sich um eine konfliktreiche Beziehung handelte, so daß derjenige gedanklich noch immer nach einer Problemlösung sucht. Dieser innere Kampf der Gedanken kann schließlich eine Depression auslösen.

Jede Lösung von dem bisher Vertrauten kann Streß bedeuten. So kenne ich Menschen, die jedesmal nach einem *Umzug* depressiv werden. Wie ist das zu erklären? Der vertraute Ort bedeutete für sie Sicherheit. Hier fühlten sie sich zu Hause. Auch wenn sie sich vielleicht danach gesehnt hatten, endlich die engen Grenzen zu durchbrechen, bedeuteten diese Grenzen doch Geborgenheit. Heißt es plötzlich, sich davon zu lösen, kann ein Mensch derart von Panik erfaßt werden, daß er emotional dekompensiert.

Jeder Wechsel ist mit einem gewissen Risiko verbunden.

Eine Neu-Anpassung braucht Zeit. Bei dem einen mehr, bei einem anderen weniger.

Aber nicht nur Menschen und Orte und damit die Zugehörigkeit geben einem Menschen Sicherheit, auch die *Gesundheit* ist von großer Bedeutung, so daß Verlust der bis dahin gewohnten Schaffenskraft einen Menschen tief verunsichern kann.

Gesundheit ist ein Zustand, den man selbstverständlich hinnimmt – bis die ersten Zeichen einer Erkrankung sich bemerkbar machen. Plötzlich wird es einem Menschen bewußt, daß er seine Zukunft nicht selbst bestimmen kann – und diese Vorstellung geht mit einem emotionalen Streß einher.

Wie viele Menschen gibt es, denen durch einen unvorhergesehenen Krankheitsausbruch alle Zukunftspläne durchkreuzt wurden. Die Kräfte, die ihnen bis dahin so selbstverständlich zur Verfügung standen, sind plötzlich nicht mehr vorhanden. Das gilt auch für die Folgen eines schweren Autounfalls.

Weit verbreitet sind Depressionen im Alter, wenn ein Mensch das Älterwerden lediglich als Verlust erlebt, Verlust der Jugend und damit all der Vorzüge, die er jetzt nicht mehr genießen kann.

Immer wieder begegnen uns Menschen, die leiden an einem *Verlust, der noch gar nicht erfolgt ist;* allein die Befürchtung genügt, um sie zu lähmen. Schon der Gedanke an den eventuellen Verlust kann einen Menschen völlig beherrschen; ja, er kann sich so sehr in seine Befürchtung hineinsteigern, daß für ihn praktisch kein Unterschied besteht zwischen Realität und Phantasie.

In der angespannten wirtschaftlichen Situation beobachtet man häufig eine pathologische Angst um den eigenen Arbeitsplatz. Da lebt ein Arbeitnehmer in ständiger Befürchtung, seinen Arbeitsplatz zu verlieren. Diese Angstvorstellung kann ihn so gefangen nehmen, daß er krank wird.

Noch deutlicher wird das bei der Krankheitsphobie. Ein Mensch kann derart von der Angst beherrscht werden, eine unheilbare Krankheit in sich zu tragen, daß er im Alltag nicht mehr richtig funktioniert.

So ist heute die Krebsphobie weit verbreitet. Hier haben wir es mit einem *vorweggenommenen Verlust* zu tun. Wenn man bedenkt, wie viele Menschen sich jahrelang quälen und von dem Gedanken total beherrscht werden, etwas zu verlieren, was sie aber in Wirklichkeit noch besitzen, so wird die Unsinnigkeit deutlich, mit der hier Menschen ihre Kraft blockieren, die sie ganz anders einsetzen könnten.

Aber zugleich fragt man sich, ob diese zwanghafte angstvolle Erwartung nicht bereits etwas Krankhaftes ist. Spricht man mit diesen Menschen, so können sie das zwar theoretisch einsehen, aber diese Erkenntnis nicht in die Praxis umsetzen.

Doch gibt es noch weitere Faktoren, die zu einer depressiven Dekompensation führen können. Und hier sind wir bei dem nächsten Problem, das heute bei vielen Menschen einen Ausnahmezustand auslöst: die *Ernährung*.

b) Die Hypoglykämie[5]

In den letzten Jahren kommen immer mehr Menschen in die ärztliche Praxis, die über die verschiedensten Symptome klagen. Sie fühlen sich lustlos, leicht gereizt, deprimiert, schnell erschöpft, müssen ständig grübeln, klagen über Kopfschmerzen, Schwindelattacken, Antriebsstörungen und Schlaflosigkeit. Ihre Beschwerden sind so zahlreich, daß sie – ähnlich wie bei der larvierten Depression – in kein Krankheitsbild eingeordnet werden können; doch zeigen sie mehr oder weniger depressive Konturen.

In der Regel gehen die Betreffenden zunächst zum Hausarzt. Weil sie über Herzjagen klagen, werden sie zum Internisten weitergeschickt. Aber das EKG ist ohne nennenswerten Befund. Schließlich kommen sie zum Nervenarzt. Weil der nun keine psychischen Ursachen feststellen kann, verschreibt er ihnen Medikamente zur Beruhigung und schickt sie wieder zum Hausarzt zurück. Und endlich werden sie zum Simulanten gestempelt.

Hinter all diesen Beschwerden aber steckt nicht selten eine Hypoglykämie, eine Unterzuckerung.

Seit dem Zweiten Weltkrieg ist in der ganzen Welt der Zuckerverbrauch erheblich gestiegen; das wirkt sich auch auf unsere Eßgewohnheiten aus. Der Menge nach handelt es sich dabei um eine übermäßige Zuckerzufuhr, in der Auswirkung jedoch haben wir es mit einer Unterzuckerung zu tun. Wie ist das zu erklären?

In unserer Bauchspeicheldrüse wird das Hormon Insulin produziert, wodurch Glukose aus der Blutbahn von den Muskeln besser absorbiert wird, so daß der Blutzuckerspiegel gesenkt wird. Ist der Glukosespiegel zu niedrig, werden noch andere Hormone wie Glucagon und Adrenalin aktiv, um den Blutzuckerspiegel wieder ansteigen zu lassen. Je langsamer der Traubenzuckerspiegel ansteigt, um so weniger Insulin wird freigesetzt. Aber auch umgekehrt: Je schneller der Traubenzuckerspiegel ansteigt, desto mehr Insulin wird freigesetzt.

In bestimmten Mengen braucht unser Körper freischwebenden Traubenzucker als Energiequelle. Nicht nur unsere

Muskeln, auch die Gehirnzellen benötigen Glukose. Nimmt jedoch der Körper zu viel Zucker zu sich, wird infolgedessen zu viel Insulin abgerufen, um das Gleichgewicht herzustellen. Im Laufe der Jahre kann sich auf diese Weise zu viel Insulin in unserem Körper ansammeln, so daß schon bei geringer Aufnahme von Zucker Insulin aktiv wird. Die Folge aber ist: Der Zuckerspiegel bleibt niedrig.

Welche Auswirkungen hat das nun auf unseren Körper? Dr. Hyland hat mehrere hundert Menschen untersucht und ist dabei zu folgendem Ergebnis gekommen:

94% klagen über eine extreme Nervosität,

89% sind leicht erregt und angespannt,

87% sind leicht erschöpft,

86% klagen über Schwindelgefühle, Zittern, Hitzewallungen und kalte Schweißausbrüche,

77% leiden an Depressionen,

72% sind tagsüber müde,

71% klagen über Kopfschmerzen,

62% können nachts nicht schlafen, sind ängstlich und haben mit Zwangsgedanken zu tun.

Wer an einer funktionellen Hypoglykämie erkrankt ist, der sollte seine Ernährung umstellen und auf Vollwertkost übergehen. Doch diese Umstellung sollte behutsam erfolgen, da andererseits ein hypoglykämischer Schock entstehen kann.

Aber nicht nur die Ernährung beeinflußt unsere Emotionen, auch die Lichteinwirkung.

c) S. A. D.[6]

Seit einigen Jahren gewinnt in medizinischen Fachkreisen S. A. D. (Seasonal Affective Disorder), also eine jahreszeitbedingte depressive Störung, eine immer größere Beachtung.

Die klinischen Symptome dieser Depressionsart können als atypisch bezeichnet werden. Wir beobachten einen Winterschlaf ähnlichen Zustand mit einer allgemeinen Verlangsamung, extremer Schläfrigkeit, gleichzeitig einer Neigung, mehr zu essen und entsprechender Gewichtszunahme, einem Drang nach Süßigkeiten, Angst, leichter Erregbarkeit, Verstimmtheit und gestörter zwischenmenschlicher Beziehung.

Nachdem festgestellt wurde, daß diese Menschen im Herbst unter Depressionen leiden, kam man zu der Vermutung, daß offensichtlich bei dieser Depressionsart die Lichteinwirkung eine Rolle spielt.

Aufgrund dieser Vermutung wurde eine Untersuchung im mittleren Teil der USA und im Norden Alaskas durchgeführt, mit sehr konträren Wetterbedingungen. Das Ergebnis dieser Untersuchung erbrachte, daß in dem mittleren Teil der USA 4,3% der Bevölkerung unter dieser Art Depression litten; in Alaska jedoch 8,9%, also mehr als doppelt so viel. Zwar kann damit noch keine endgültige Aussage gemacht werden, doch ist es ein interessanter Aspekt, der durchaus ernst zu nehmen ist und weiterer Forschung bedarf.

Eine ähnliche Beobachtung wurde auch aus dem Norden und Süden Europas berichtet.

Schon lange war bekannt, daß Wetterbedingungen auf die Stimmungslage eines Menschen einen gewissen Einfluß ausüben.

Vermutlich kennen wir alle aus eigener Beobachtung, daß eine Kette dunkler Tage sich auch auf unsere Stimmung niederschlägt, ein heller Sommer dagegen uns beflügelt.

Doch hier geht es um mehr als nur eine gewisse Stimmungsschwankung.

Wie wir in einem späteren Kapitel noch genauer ausführen werden, besteht ein Zusammenhang zwischen dem Serotonin-Spiegel und einer Depression. Serotonin ist ein Neurohormon, eine Transmittersubstanz, die eine Rolle im Schlaf-Wach-Rhythmus spielt. Untersuchungen zufolge steigt der Serotonin-Spiegel, sobald der Kranke intensiv dem Licht ausgesetzt wird, und infolgedessen hellt sich die Stimmung auf.

An einem bewölkten Tag draußen werden 1000 bis 5000 Lux gemessen, an einem wolkenlosen Tag bis 10 000 Lux. Ein normal beleuchteter Büroraum hat ca. 300 bis 600 Lux. Offensichtlich reicht diese Lichtstärke nicht aus, den Serotonin-Spiegel zu beeinflussen. Wird nun der Lichteinfall auf 2500 bis 10 000 Lux erhöht, hellt sich die Stimmung auf.

Diese Beobachtung führte dann zu der Erkenntnis, daß eine S. A. D.-Depression teilweise auch auf eine Störung der Netzhaut zurückzuführen ist, so daß man dazu überging, diese Kranken mit einer sogenannten Photo- oder Licht-Therapie zu behandeln. Bei solch einer Lichttherapie ist die Dauer und Intensität der Beleuchtung entscheidend. Man geht davon aus, daß sich der an S. A. D. Erkrankte täglich etwa zwei Stunden in einem hellen Raum aufhalten muß, bevor eine Wirkung spürbar wird.

Wir sehen also, daß die Bilder einer Depression sehr variabel sind und nicht ohne weiteres auf einen gemeinsamen Nenner gebracht werden können. All die verschiedenen Ausdrucksformen aber sind Zeichen einer Störung – einer Störung, die als mißlungene Anpassung bezeichnet werden kann, und aufgrund dieser nicht gelungenen Anpassung ist der Mensch nicht belastbar, er dekompensiert.

9. Wer erkrankt an einer Depression?

Grundsätzlich kann jeder an einer Depression erkranken, obwohl einige Menschen eher zu einer depressiven Verarbeitungsweise neigen als andere. Je sensibler und gewissenhafter ein Mensch ist, desto leichter kann er an einer Depression erkranken. Statistisch wurde festgestellt, daß diejenigen, die in den frühen Jahren der Prägung einen schwerwiegenden Verlust erlitten haben, sei es durch Tod oder Scheidung eines Elternteils, häufiger an einer Depression erkranken als andere, die eine unbelastete Kindheit durchlaufen konnten. Auch ist eine gewisse erbliche Anlage zu beobachten, so daß innerhalb einer Familie vermehrt depressive Züge anzutreffen sind, wobei wiederum die Frage offenbleibt, inwiefern es sich hier zusätzlich um ein erlerntes Verhaltensmuster handelt.

Nach Schätzungen von Fachleuten erleiden mindestens 12 % der Erwachsenen im Laufe ihres Lebens eine depressive Phase, deren klinischer Verlauf so schwer ist, daß eine Behandlung erforderlich wird.

Die Zahl derer, die an depressiven Symptomen leiden, jedoch irgendwie auch ohne medikamentöse Behandlung zurecht kommen, liegt weit höher.

10. Die chronische Depression

Vermutlich sind uns allen bereits Menschen begegnet, deren Stimmung vorwiegend düster geprägt ist, so daß man den Eindruck gewinnt, die Depression begleitet wie ein dunkler Schatten das ganze Leben. Da mag manch einer vorschnell dazu neigen, hinter solch einer Belastung einen okkulten Hintergrund zu vermuten; doch sollten wir mit solch einer Diagnose sehr behutsam umgehen, da sie nur zu leicht einen Menschen in ein noch größeres Dilemma treibt. Solch eine Depression kann – ähnlich wie Hilflosigkeit – erlernt sein. Wenn ein Kind von klein an bei Vater und Mutter beobachtet, wie diese auf bestimmte Ereignisse depressiv reagieren, so kann solch ein Verhaltensmuster instinktiv vom Kind übernommen und unter Umständen ein ganzes Leben lang beibehalten werden.

Nun mag man fragen, inwieweit es sich hier um ein erlerntes Muster handelt und inwieweit eine genetische Veranlagung zugrunde liegt. Aber in der Regel merkt man sehr bald im Laufe des Gesprächs, ob es sich hier um ein krankhaftes Geschehen oder um eine neurotische Fehlhaltung handelt.

Auch Bitterkeit und tief sitzender Groll können einen Menschen über viele Jahre gefangen halten, so daß das ganze Leben depressiv gefärbt ist. Hier ist vor allem durchlittene Gewalt und tiefe Demütigung durch sexuellen Mißbrauch zu nennen. Als Kind fühlten sie sich wehrlos der Willkür eines anderen ausgeliefert. Diese frühen Erfahrungen können sie einfach nicht verarbeiten, so daß sie später als Erwachsene Depressionen entwickelt. Eine chronische Depression bleibt vorwiegend in der »Grauzone«, kann jedoch bei zusätzlicher Belastung in eine biochemische Entgleisung übergehen. Häufig sind es Menschen, die in einer nicht harmonischen Familie aufwuchsen und nicht in der Lage waren, ein gesundes Ur-Vertrauen zu entwickeln. Oder Menschen, die ihre Identität in einem anderen Menschen suchten und daher nie ihre eigene Identität entwickelt haben.[10]

All diese Überlegungen lassen erkennen, daß eine Depression nicht ohne weiteres eingeordnet werden kann, vielmehr sehr individuell geprägt ist.

11. Denken und Depression

In jüngster Zeit nun wird in psychotherapeutischen Fachkreisen dem Denken als therapeutischer Faktor eine besondere Bedeutung zugemessen. Und in der Tat wirkt negatives Denken als Streßfaktor auf das Limbische System ein und ist somit durchaus in der Lage, das bio-chemische Gleichgewicht zu stören. Aber auch umgekehrt wird beobachtet, daß durch ein verändertes Denken eine leichte bis mittelschwere Depression beeinflußt werden kann.[11]

Wir sehen, daß wieder ein Rädchen in das andere greift.

Was sind nun solche Gedanken, die einen Menschen in eine tiefe Niedergeschlagenheit hüllen können?

Da ist die Vorstellung: »Um glücklich zu sein, muß ich immer Erfolg haben« oder: »wenn mein Leben von Wert sein soll, muß ich bei anderen Anerkennung finden.« Oder: »Ich darf nicht versagen. Ich muß alles im Griff haben . . .« Alle diese Denkmuster können einen Menschen derart gefangen halten, daß er zu keiner gesunden Reaktion mehr fähig ist; darum müssen diese Gedanken hinterfragt werden. Ja, wir müssen uns fragen:

Hängt mein Glück wirklich von meinem Erfolg ab? Wird mein Wert wirklich an dem Echo der anderen gemessen? Warum darf ich nicht Fehler machen?

Niemand ist perfekt. Entscheidend ist doch vielmehr, wie wir mit unseren Fehlern umgehen. Wenn wir aus unserem Irrtum lernen, kann gerade solch eine Erfahrung für das ganze Leben wegweisend werden.

Auch der Wunsch, das Leben selbst steuern zu können, ist zwar verständlich, aber unrealistisch. Wie viele Situationen gibt es, auf die wir keinerlei Einfluß haben. Sind wir es, die Schicksal spielen? Hängt das Leben wirklich von unserem Tun und Lassen ab?

Es geht hier um die Einübung eines neuen Denkens; eines Denkens, das Gott einbezieht und mit den unbegrenzten Möglichkeiten Gottes rechnet und in dankbarer Gelassenheit Gott freien Raum läßt.

Das klingt so leicht und ist doch gerade von einem depressiven Menschen so schwer nachvollziehbar. Aber desto wichtiger ist es, daß hier eine neue Blickrichtung erlernt wird.

Gedanken sind eine Art Grundmaterial, mit dem wir unser Leben bauen.

Wer glücklich sein will, der muß solche Gedanken in sich nähren, die dieses Glücklichsein ermöglichen. Nicht in dem Sinne, daß wir all unser Streben jetzt auf vermeintlichen Erfolg richten und, wenn uns beispielsweise finanziell der Aufstieg nicht gelingt, wir desto krampfhafter daran festhalten – wissen wir denn, ob diese Art von Erfolg für uns gut wäre? Vielleicht ist es viel besser für uns, nichts zu haben, leer zu sein, um etwas Größeres empfangen zu können.

Wenn wir unser Leben positiv beeinflussen wollen, dann müssen wir uns von der hier gültigen Kausalität befreien. In unserem Denken gehen wir so leicht von unserer Wahrnehmung aus, von der Realität, wie wir sie erleben. Aber es gibt eine andere Realität mit anderen Gesetzen.

Nun läuft bei einer klassischen Depression das negative Denken wie unter einem Zwang ab. »Es denkt« in diesem

Menschen, d.h. seine Emotionen denken, ohne daß diese von dem Verstand korrigiert werden. Und da ist es wichtig, daß der Verstand wieder die Kontrollfunktion übernimmt, damit das Denken nicht in einen Wahn entgleitet.

Schuld und Schuldwahn

In fast jeder Depression spielt der Schuldgedanke eine mehr oder weniger wichtige Rolle.

Es gibt viele Diskussionen und viele Bücher werden geschrieben, um zu beweisen, daß der Mensch schuldfrei sei, daß es so etwas wie Verantwortung nicht gebe. Aber das ist ein Irrtum. Zwar spielt durch die Loslösung vom Religiösen Schuld nicht mehr eine so zentrale Rolle wie noch vor wenigen Jahren; dennoch konnte das Schuldbewußtsein auch nicht durch eine gezielt schuldneutrale Erziehung ausgelöscht werden.

In meiner Praxis erlebe ich es beinahe täglich, daß der Mensch sehr wohl weiß, daß er schuldig geworden ist. Selbst wenn er versucht, seine Schuld abzuschieben oder zu verharmlosen, wird er sie damit nicht los. Es ist wie ein Ur-Wissen, das im Menschen schlummert. Das Wissen, daß er einem anderen Rechenschaft schuldet, einem, der größer ist als er selbst.

Bei dem einen kann Schuld auf sexuellem Gebiet liegen; bei einem andern sich irgendwo im zwischenmenschlichen Bereich verstecken. Es gibt viele Möglichkeiten, wo ein Mensch gegen das Gesetz der Liebe verstößt, die Freiheit eines anderen antastet oder sich etwas aneignet, was ihm nicht zusteht. Und diese Schuld quält und drückt.

In den Psalmen wird wiederholt das quälende Schuldbewußtsein zum Ausdruck gebracht; nehmen wir als Beispiel den 32. Psalm:

»Ich wollte es verschweigen –
aber ich konnte nicht.
Wie Krebs fraß es in mir,
so daß ich stöhnte
Tag und Nacht.
Es war deine Hand, o Gott, die auf mir lag.
Mein Leben war wie abgeschnitten,
wie ausgedörrt durch die Gluten der Sonne.
Da bekannte ich dir meine Sünde,
und meine Schuld verbarg ich nicht.
Ich sprach: Dir will ich meine Übertretung bekennen.
Da vergabst du meine Schuld.

Jedes ernst gemeinte Schuldbekenntnis hat göttliche Verheißung. In dieser unserer Niederlage will Gott uns begegnen. Darin liegt unsere Hoffnung. Die Hoffnung eines Neubeginns durch die Vergebung, die Jesus Christus durch sein Sterben uns ermöglicht und durch seine Auferstehung besiegelt hat.

Schuld kann nicht wegdiskutiert werden, wir können sie auch nicht sühnen, sie kann nur vergeben werden. Vergebung ist ein Geschenk der Liebe. Zeichen des Angenommenseins von Gott. Wenn ich mich angenommen weiß, brauche ich mich selbst nicht abzulehnen.

Wie oft begegne ich Menschen, die meinen, dieses Angenommensein bezahlen zu müssen, als wollten sie ihre Schuld in Raten abzahlen durch vermehrte Leistung. Eine materielle Schuld kann durch eine Leistung ausgeglichen werden, aber eine ideelle oder moralische Schuld nicht. Es geht nun nicht darum, daß Schuld verharmlost wird, nach dem Motto: Mir ist ja bereits vergeben! Wer daran denkt, was es Gott gekostet hat zu vergeben, der wird mit diesem Geschenk nicht leichtfertig umgehen können – es geht vielmehr darum, uns zu dieser Schuld zu stellen. So ist eine reale Schuld ernst zu nehmen.

Bei vielen Depressionsformen geht es jedoch nicht um eine tatsächliche Schuld, sondern um eine Schuldidee, man könnte fast sagen: einen Schuldwahn. Es sind Schuldgedanken, die wie ein Wahn sich festsetzen und sich in das Denken eines Menschen hineinfressen. Alles wird diesem Menschen zur Schuld. Und diese Schuldidee verfolgt ihn Tag und Nacht. So kommt er aus der Selbstanklage einfach nicht heraus. Und er begründet diese Selbstanklage damit: Er hätte dieses oder jenes unternehmen können, um es zu verhindern, zu warnen, was auch immer.

Gute Freunde mögen bemüht sein, dem Betreffenden klar zu machen, daß diese Schuldgedanken nicht realistisch sind. Aber der Kranke ist einfach nicht von seiner Überzeugung abzubringen. Und er fängt an zu grübeln und ständig ein und dieselbe Sache zu wiederholen: Wenn ich anders gehandelt hätte . . . Als wäre der Lauf der Geschichte allein von seiner Entscheidung, seinem Handeln abhängig. Und durch dieses Festhalten an einer Idee kann am Ende eine echte Schuld erwachsen. Doch Schuld oder nicht, wo sind da die Grenzen zu ziehen! Wo fängt Schuld an, wo hört sie auf? Nach welchem Maßstab wollen wir richten? Und ist es überhaupt unsere Aufgabe, hier zu entscheiden?

Das Problem liegt nicht in dem schuldhaften Verhalten an sich begründet, sondern in dem Beharren und dem selbstquälerischen Grübeln, durch das ein Mensch die Vergebung einfach nicht für sich in Anspruch nehmen kann.

Nun ist die Schuldtoleranz bei jedem unterschiedlich. Wird für den einen schon ein unfreundliches Wort zur quälenden Schuld, mit der er sich tagelang herumplagt, so fängt bei einem anderen erst bei Mord die Schuld an – wenn überhaupt – und bei Ehebruch plädiert er ohnehin für schuldlos, weil »das ja alle tun«.

Wir alle leben von der Vergebung. Nicht einer kann von sich behaupten, ohne Schuld zu sein. Aber der Depressive kann die Vergebung nicht annehmen. Er läßt sie nur theoretisch für sich gelten. Doch in der Praxis will er sühnen.

Wenn ein depressiver Mensch unentwegt über ein vermeintliches oder auch tatsächliches Versagen nachgrübelt und mit Selbstvorwürfen sich zerquält, müssen wir uns wieder fragen: Was steckt dahinter? Ist es die Vorstellung, in allem perfekt sein zu müssen? Und wenn er merkt, daß er diesem Soll-Bild von sich selbst nicht entspricht, ist sein Stolz verletzt. Er bestraft sich selbst mit einer Depression. Auf diese Weise ließe sich vielleicht psychologisch solch ein versteckter Mechanismus rekonstruieren. Aber treffen wir damit den eigentlichen Kern?

Wenn wir sehen, wie sich dieser Mensch zerquält und immer wieder dieselbe Anklage gegen sich selbst erhebt, spüren wir, daß hier ein Zwang vorliegt, aus dem sich ein Mensch so ohne weiteres gar nicht lösen kann. So wird eine Schuldidee zwanghaft verarbeitet. D.h. im Grunde wird sie eben nicht verarbeitet, sondern nur endlos diskutiert.

Und hier muß unter Umständen eine ärztliche Behandlung einsetzen. Echte Schuld kann nicht durch Imipramin gelöst werden, sondern durch eine bewußt empfangene Vergebung. Aber ein Schuldwahn mit Zwangscharakter kann durch Medikamente seine Intensität verlieren. Und sobald der Mensch zur Entspannung gekommen ist, wird es ihm leichter, sich selbst anzunehmen und auch ein Geschehen sachlicher zu sehen.

12. Glaube und Depression

In christlichen Kreisen findet man immer wieder die Meinung, daß ein Christ nicht depressiv werden könne. Oder anders ausgedrückt: Wenn ein Christ depressiv wird, ist es ein Zeichen, daß irgend etwas mit ihm in geistlicher Hinsicht nicht in Ordnung sei. Wenn keine direkte Schuld sichtbar wird, vermutet man schuldhafte Zusammenhänge bei den Eltern und Großeltern. Nicht selten spricht man von okkulter Belastung und drängt die Betreffenden, eine entsprechende Lossprechung vornehmen zu lassen.

Auch das gibt es, wenn beispielsweise ein Mensch sich mit okkulten Praktiken beschäftigt hat oder selbst in solch einem satanischen Zirkel mitgewirkt hat. Doch bevor von einer derartigen Bindung gesprochen wird, sollten biochemische und psychologische Gründe ausgeschlossen werden.

Natürlich kann auch Schuld einer Depression zugrunde liegen, so wird von Saul, dem ersten König Israels berichtet, daß er zeitweise von Schwermut überfallen wurde. Es ist durchaus denkbar, daß Eifersucht und Neid dem »bösen Geist« die Tür geöffnet haben und die Schwermut dadurch Zutritt erhielt.

Auch bei David können wir einen Zusammenhang zwischen Schuld und Depression herstellen. Wenn wir jedoch genau hinhören, merken wir, daß noch andere belastende Momente hinzukommen. Hat nicht die jahrelange Verfolgungssituation Spuren in seinem Leben hinterlassen? Da waren Belastungen des Amtes und Probleme in der eigenen Familie. Ja, hatte er nicht als Vater versagt und die Rebellion seiner Söhne heraufbeschworen? So kam eine Belastung zur anderen.

Aber nicht immer besteht ein Zusammenhang zwischen Schuld und Depression. Wie oft sind uns Berichte überliefert von Gläubigen, die sich in einer Ausnahmesituation befanden und mit Depression reagierten – ohne daß ein schuldhaftes Vergehen vorlag.

Ein klassisches Beispiel ist Hiob. Gerade Hiob wehrt sich gegen den Verdacht, daß Schuld Ursache seines Elends ist:

>Was ihr zu bedenken gebt, sind Sprüche aus Asche . . .

Schweigt still . . . Wie lange plagt ihr doch meine Seele und peinigt mich mit Worten!« (Hiob 13,12-13)

Niemand wäre je auf die Idee gekommen, daß dieser Mann depressiv werden könnte. Er war der angesehene Ratgeber anderer; der Mann, auf den jeder hörte und der anderen Vorbild war – bis ein Verlust nach dem anderen ihn in seiner Substanz erschütterte. Der größte Verlust aber geschah, als sein Bild von Gott zerbrach. Da war ihm nichts mehr geblieben, an das er sich halten konnte. In seiner tiefen Depression sehnte er nur noch den Tod herbei, so daß er klagend ausrief:

». . . Viele elende Nächte sind mir geworden.

Wenn ich mich niederlegte, sprach ich:

Wann werde ich aufstehen?

Bin ich aufgestanden, so wird mirs lang

bis zum Abend

und mich quält die Unruhe

bis zur Dämmerung« (Hiob 7,3-4)

»Mich ekelt mein Leben an . . .« (Hiob 10,1)

»Mein Geist ist zerbrochen . . . (Hiob 17,1)

Auch von dem Propheten Elia wird uns berichtet, daß er eine Zeit tiefster Depression durchlebte. Wenn wir die Berichte lesen, liegt die Vermutung nahe, daß diese Depression Folge einer totalen Erschöpfung war. Hatte er nicht in einem außergewöhnlichen Streß gestanden? Verfolgt – und eine Verfolgungssituation bedeutet Streß! –, dann die Zerreißprobe am Berg Karmel (1. Kön. 19) vor der scheinbaren Übermacht der Baalspriester. Obwohl für Elia diese Auseinandersetzung in einem triumphalen Sieg endete, war doch das alles nicht spurlos an ihm vorübergegangen, denn es heißt ja von ihm, daß er »ein Mensch war wie wir.«

Nach dieser Periode äußerster Beanspruchung kam eine tiefe Depression, in der er nicht mehr leben wollte.

Oder nehmen wir ein weiteres Beispiel: Jeremia. Dieser große Prophet Gottes. Wenn wir seine Klagelieder lesen, können wir uns nicht des Eindrucks erwehren, daß dieser Mensch depressiv war. Seine ganze Lebensperspektive war zeitweise depressiv gefärbt.

»Ich habe mir fast die Augen ausgeweint,
mein Leib tut mir weh,
mein Herz ist auf die Erde ausgeschüttet . . .
(Klagel. 2,11)

Er spricht davon, daß »Fleisch und Haut« alt geworden sind und »sein Gebein zerschlagen« wurde (Klagel. 3). Jeremia durchlebte einen Zustand, in dem er »ringsum eingeschlossen« war, von »Bitterkeit und Mühsal« umgeben. Er fühlte sich von Gott in die »Finsternis versetzt« und klagte:

»Er hat mich ummauert, daß ich nicht heraus kann,
und mich in harte Fesseln gelegt.
Und wenn ich auch schreie und rufe,
so stopft er sich die Ohren zu vor meinem Gebet.
Er hat mich mit Bitterkeit gesättigt
und mit Wermut getränkt.« (Klagel. 3,7.15)

Wenn wir uns dann vergegenwärtigen, unter welch einem extremen körperlichen und seelischen Streß dieser Mann stand, können wir begreifen, daß irgendwann der Punkt kommt, an dem die Kraft versagt. Nicht nur die politische Auseinandersetzung zehrte an ihm, sondern mehr noch die Enttäuschung an den eigenen Leuten: abgewiesen, lächerlich gemacht, in eine Zisterne geworfen, verhöhnt und noch zusehen müssen, wie die Lügner triumphierten. Und dann die Frage: »Wo ist dein Gott?« Der Gott, dessen Namen er gepredigt hatte? Hatte er umsonst vertraut?

Auch Hiskia, der König, kennt Stunden der Verzagtheit und Angst, vermutlich ausgelöst durch eine schwere organische Erkrankung:

»Bis zum Morgen schreie ich um Hilfe;
aber er zerbricht mir alle meine Knochen
wie ein Löwe.
Tag und Nacht gibst du mich preis ...
Entflohen ist mein Schlaf,
bei solcher Betrübnis meiner Seele.« (Jes. 38,12ff)

Und Paulus? Auch er spricht von Zeiten, in denen er »über die Maßen beschwert war«, wobei die Bedrängnis »über die Kraft ging«, so daß er »am Leben verzagte« (2. Kor. 1,8).

Sehen wir uns doch dieses Leben an: Es war ein einziger Streß. Als Schiffbrüchiger trieb er tagelang auf dem offenen Meer. Dann wieder verfolgt von einer Stadt zur anderen; durchgespeitscht; gesteinigt und aus der Stadt geschleift; von den eigenen Leuten kritisiert und verleumdet. Und irgendwann kommt ein Punkt, da ist eine Grenze überschritten. Da kann ein Mensch nicht mehr weiter.

Aber Paulus blieb nicht bei der Betrachtung seiner Depression stehen. Er sah diese dunklen Stunden als eine

Möglichkeit, Gott ganz neu kennenzulernen. So wurden gerade diese Stunden für ihn zu dem größen Reichtum; denn wie sonst hätte er erfahren können, daß erst in seiner eigenen Schwachheit die Kraft Gottes sich offenbaren kann? (2. Kor. 12,9)

Auch von Luther wird berichtet, daß ihn zeitweise eine vernichtende Angst überfiel, die ihn an den Rand eines Abgrunds trieb. So schrieb er im Jahre 1518:

>Ich kenne einen Menschen, der versichert, solche Qualen oft durchlitten zu haben, zwar nur in ganz kurzer Zeitspanne, doch so gewaltig, so infernalisch, daß keine Zunge aussprechen, keine Feder es beschreiben kann, keiner es zu glauben vermag, der es nicht selbst durchgemacht hat. Eine halbe, ja nur eine Zehntelstunde länger – und wer das aushalten müßte, ginge darüber zugrunde . . .«

Da wird Gott zu einem alles verschlingenden Feind, vor dem es kein Entrinnen gibt.

>In solchen Augenblicken vermag die Seele . . . nicht mehr zu glauben, daß sie jemals erlöst wurde, sie fühlt nur eins: noch ist die Qual nicht vollendet; denn sie ist ewig, und die Seele vermag sie nicht für eine bloß zeitliche Qual zu halten. Da bleibt nichts anderes übrig als der nackte Schrei nach Hilfe, ein schreckliches Seufzen, das nicht weiß, wo Hilfe zu finden ist . . .«

Da ist tödliche Bitterkeit gemischt mit Entsetzen, Angst und einer lähmenden Traurigkeit – ist es Ausdruck einer endogenen Depression oder ist es jene Heimsuchung, die einen Menschen näher zu Gott bringt?[7]

Eine ähnliche Erfahrung wird uns auch von Therese von Lisieux berichtet:

»Ich möchte ausdrücken können, was ich erlebe, aber es ist unmöglich! Man muß durch diesen finsteren Tunnel gewandert sein, um seine Dunkelheit zu begreifen . . .«

Oder denken wir an Kierkegaard und das lebenslange Ringen mit der Dunkelheit, die Gott verhüllte. Er spricht von diesem »Vorzug, verzweifeln zu können« und zugleich nennt er es »nicht nur das größte Unglück und Elend, verzweifelt zu sein, nein, es ist Verlorenheit . . .«

a) Der Depressive und die Bibel

In der tiefen Depression scheint sich alles gegen den Leidenden zu verschwören. All das, was ihm bis dahin Sicherheit bedeutete, kann keinen Schutz mehr bieten. Er fühlt sich isoliert. Ausgestoßen. Verurteilt. Wohin er sich auch wendet, begegnet er der Anklage. Ja, selbst der Zugang zu Gott scheint versperrt, als hätte sich auch Gott gegen ihn verschworen.

Und wenn der Depressive dann in seiner Dunkelheit versucht, sich an einem Wort der Bibel zu trösten, um daraus Kraft und Hoffnung zu schöpfen, kann gerade dieses Wort sich gegen ihn richten und ihm Tod und Verdammnis verheißen, so daß die Nacht noch hoffnungsloser wird.

Es ist das Wesen der Dunkelheit, daß alles, was dieser Mensch erlebt, entsprechend dunkel gefärbt ist.

Ich kenne Menschen, die wie ein Rutengänger alle Gerichtsworte in der Bibel aufspüren, um sie auf sich selbst zu beziehen. So festigt sich schließlich in ihnen die Überzeugung, von Gott verworfen zu sein, oder die Sünde gegen den Heiligen Geist begangen zu haben.

Weil sie sich selbst verurteilen, setzen sie voraus, auch von Gott verworfen zu sein. Sie suchen Trost und Hilfe, fürchten jedoch zugleich Gericht und Verdammnis. Und wenn sie die Bibel wahllos aufschlagen, springen gerade solche Gerichtsworte ihnen entgegen. Sie sind von diesen Worten wie gelähmt, so daß sie nicht mehr den Zusammenhang beachten.

So hört der depressive oder auch der ängstliche und zwanghafte Mensch aus jeder Botschaft zunächst das Negative und Belastende heraus. Wenn in einem Satz von Tod und Leben die Rede ist, so werden seine Augen nur von dem Wort TOD gefangen. Das Leben nimmt er überhaupt nicht wahr. Und wenn es um Gericht und Gnade geht, bezieht er das Gericht auf sich – und vergißt die Gnade.

Nun mag die Frage aufkommen, ob dann ein Mensch in seiner Depression überhaupt die Bibel zur Hand nehmen soll?

Die Bibel ist nach wie vor das Instrument, durch das Gott zu uns Menschen spricht. Gerade auch zu Menschen in einer Krisensituation. So sind uns ungezählte Berichte überliefert, in denen Menschen gerade in einer speziellen Notsituation Hilfe erfahren haben durch ein Wort der Schrift. Ja, oft spricht ein Wort so unmittelbar in eine Situation, daß es besser zu helfen vermag, als je ein Mensch es könnte. Aber wenn ein Mensch, der sich nach Befreiung sehnt, durch das Lesen der Bibel noch tiefer in die Dunkelheit gestoßen wird, heißt es zu warten, bis die Zeit der Befreiung gekommen ist. Gott findet Mittel und Wege, um einem Menschen auch in seiner tiefsten Dunkelheit zu begegnen.

b) Depression als Geburtswehen der neuen Schöpfung

Die heutige Lebensphilosophie redet dem Menschen ein, daß alles Unangenehme so schnell wie möglich beseitigt werden muß, ja, daß es das Recht des Menschen sei, schmerzlos das Leben genießen zu können. Und wenn eine Droge nicht sofort zu dem gewünschten Erfolg verhilft, dann wird Gott als Superpower herangezogen. Man glaubt, über die Macht des Allmächtigen nach eigenem Ermessen verfügen zu können und jubelt jedem zu, der Heilung verspricht. Und wenn die erbetene Heilung nicht eintrifft, gerät das ganze Glaubensgebäude ins Wanken.

Aber es geht nicht darum, das Leid auszuklammern, sondern in dieses Leben zu integrieren.

Natürlich ist Gott der Allmächtige, der durch keine Grenzen eingeengt werden kann. Er ist auch heute noch derselbe, der Tote lebendig machen kann. Aber ist es nicht zu wenig, wenn wir Gott benutzen wollen, um von unangenehmen Symptomen frei zu werden? Wie, wenn gerade diese Beschwernis für uns von Bedeutung ist? Ist diese Dunkelheit nicht der Schatten seiner Hand, die sich auf uns gelegt hat? Sind diese Schmerzen, unter denen wir stöhnen, nicht vielleicht wie Wehen, die das neue Leben hervorzubringen helfen?

Ich glaube, daß wir manche Depressionen einmal unter diesem Gesichtspunkt betrachten sollten. Wenn wir die Nacht auf diese Weise neu interpretieren, verliert sie ihre Schrecken. Ist nicht die Intensität der Wehen für die werdende Mutter ein Zeichen, daß die Stunde der Geburt gekommen ist? Es wäre nicht gut, würde sie sich jetzt betäuben, vielmehr gilt es, dem Geschehen sich anzupassen und mitzuwirken, damit das Leben geboren werden kann. Und diese Schmerzen verbinden sie in einer besonderen Weise mit ihrem Kind.

Das heißt nun nicht, daß wir jede Form der Depression als von Gott verordnet hinnehmen sollten. Hier gilt es zu unterscheiden, aus welcher Quelle die Schwermut kommt. Wenn es sich um eine medizinische Krankheit handelt, dann sollen wir die Möglichkeiten, die uns gegeben sind, einsetzen, um diese Krankheit zu besiegen. Wenn die Schwermut aus einem falschen Verhalten entspringt, so ist es unsere Verantwortung, hier ein neues Verhalten einzuüben. Wenn Schuld eine Depression verursacht hat, so können wir durch Reinigung Vergebung empfangen. Wenn eine konfliktreiche Beziehung zu einem psychischen Streß geworden ist, dann liegt es an uns, an dieser Beziehung bewußt zu arbeiten. Aber wenn die Traurigkeit, unter der wir leiden, eine »göttliche Traurigkeit« ist, so dürfen wir teilhaben an dem Leiden Christi. In dem Fall ist das Kreuz nicht Verlust, sondern Gewinn.

Ist es nicht das, was Paulus schreibt? Erst diese tiefste Dunkelheit, diese letzte Einsamkeit, hat ihn frei gemacht. Frei von Dingen, frei von Menschen, frei von sich selbst – nichts sonst hätte dieses Freiwerden bewirken können. Und dieses Freiwerden war Voraussetzung dafür, daß er das größere Geschenk empfangen konnte. Dieses leere Gefäß wollte Gott mit seiner Herrlichkeit füllen.

II. Von der Hilfe

1. Der Depressive und sein Helfer

Die Behandlung einer Depression wird nun je nach dem Auslöser und Erscheinungsbild sehr unterschiedlich sein, so daß wir hier differenzieren müssen. In der tiefen Phase einer klassischen Depression ist der Kranke wie in einem Sog gefangen, aus dem er sich kaum selbst befreien kann, so daß er auf die Hilfe von außen angewiesen ist. Auch wird eine Depression, die durch ein akutes Ereignis ausgelöst wurde, einen anderen Verlauf nehmen als eine chronische Depression, die wie ein Schatten einen Menschen begleitet.

Was aber kann nun ein Außenstehender tun, um einen anderen aus seiner Dunkelheit heraus zu holen? Kann er überhaupt etwas tun? Was zu tun ist, hängt von der Art des Gefangenseins ab und dem Schweregrad. Doch grundsätzlich kann ein Außenstehender wesentlich zu einer Heilung beitragen.

Wir wollen zunächst einige ganz allgemeine Punkte herausstellen: Vorwürfe und Vorhaltungen sind nicht angebracht. Ebenso die Aufforderung, sich zusammen zu reißen. Auch ein gut gemeinter Ansporn wird in der Regel nur wenig ausrichten. Es ist ja in der Tat für einen Unbeteiligten nicht einsehbar, warum ein Mensch mit zwei gesunden Händen und zwei gehfähigen Beinen nicht in der Lage sein soll, damit zu arbeiten. Hier ist darum ein gutes Einfühlungsvermögen erforderlich.

Die scheinbare Ausweglosigkeit kann einen Schweregrad erreicht haben, in der ein Mensch einfach nicht mehr fähig ist, auch nur den geringsten Anforderungen gerecht zu werden. Arbeiten, die früher ganz selbstverständlich ausgeführt wurden, sind jetzt wie eine Hürde, vor der dieser Kranke kapituliert. Da hat es auch wenig Sinn, ihn zur Arbeit aufzufordern. Dadurch würde das ohnehin schon massive Schuldgefühl noch verstärkt. Der Antrieb muß von dem Betreffenden selbst erfolgen. Daher gilt es, zu dieser Motivation hinzuführen durch eine neue Perspektive.

Sodann muß das Wesen einer Depression klar definiert sein. Es gibt immer wieder Menschen, die nutzen ihre Krankheit, um sich dahinter zu verstecken. Sei es, daß sie versuchen, auf diese Weise ihre Umwelt zu beherrschen, sei es, daß sie durch ihre Krankheit einen bestimmten Zweck verfolgen. Solch eine Form der Verstimmung muß selbstverständlich anders angegangen werden, als eine echte Dekompensation, in der ein sonst arbeitsfreudiger und einsatzbereiter Mensch plötzlich ohne jede Initiative und Motivation ist.

Je nachdem, um welch eine Depression es sich handelt und in welchem Stadium sich eine Depression befindet, wird die Hilfe anders aussehen.

In der dunkelsten Phase einer Depression ist primär medizinische Hilfe angezeigt, dennoch ist menschlicher Beistand erforderlich. Darum:

a) Bei einer schweren Depression oder auch Dekompensation den Kranken dazu ermutigen, *medizinische Hilfe* in Anspruch zu nehmen!

b) Nicht weniger wichtig ist es, daß der Kranke spürt: *Ich bin nicht allein.* Vor allem dann, wenn die Krankheit sich über Monate hinzieht, ist es wichtig, daß der Kranke weiß, *ich bin keine Last.* Ich bin dem anderen etwas wert. Und dieser Wert hängt nicht von meiner Leistung ab.

c) Den Depressiven *zum Sprechen ermuntern!* Manche Therapeuten legen zu diesem Zweck einen großen Fragebogen zurecht. Doch haben sich unserer Beobachtung nach bohrende Fragen nicht bewährt. Je nachdem, welche Fragen wie gestellt werden, kann sich ein Mensch wie in einer Gerichtsverhandlung fühlen. Wir müssen bedenken, daß seine Wahrnehmung ohnehin gestört ist. Wenn dann ein ganzer Fragenkatalog sich über ihn ergießt, wird der, der bereits am Boden liegt, noch zusätzlich getreten.

Nun ist der Helfer – zumeist ja der Partner – recht ratlos. Er weiß einfach nicht, wie er den anderen zum Reden bringen könnte. Dieser ganze Gedankenwust muß greifbar werden, bevor er zerlegt werden kann. Vielleicht wird er den einen oder anderen Punkt nennen, das entscheidende Kriterium jedoch zurückbehalten. Vielleicht glaubt der Kranke, es wäre zu unbedeutend. Vielleicht auch fürchtet er, sich lächerlich zu machen. Aber gerade dieser winzige Gedankensplitter kann immer wieder aufs neue das Räderwerk in Bewegung setzen.

Solch ein Aussprechen aber sollte nicht eine stereotype Wiederholung der alten, schon längst bekannten Ereignisse und Überlegungen sein, sondern hier sollte der Helfer einen neuen, sachlichen Aspekt in die düstere und tragische Verarbeitungsweise bringen. Als hilfreich hat es sich erwiesen, wenn der Gesunde eine positive, hoffnungsvolle Schau zeigt und gegebenenfalls auch von Zeiten berichtet, in denen er selbst sich als Versager fühlte und – rückblickend – diese Erfahrung nicht missen möchte.

d) Der Depressive sollte immer wieder neu *auf die Realität hingewiesen werden.* Wenn wir davon ausgehen, daß bei einer Depression eine verzerrte Wahrnehmung vorhanden ist, erkennen wir, wie wichtig es ist, daß über das zugrunde liegende Problem sachlich gesprochen wird. Wichtig ist dabei:

e) *Geduld ist erforderlich!* Wenn der Helfer ungeduldig darauf hinweist: »Aber das habe ich dir schon hundertmal gesagt«, wird er nur verletzen. Der Kranke leidet ja darunter, daß er aus diesem Sich-drehen nicht herauskommt. Der Depressive befindet sich in einer beinahe wahnhaften Verstrickung bestimmter Gedankenkombinationen und Vorstellungen. Wenn es jetzt dem Helfer gelingt, von außen in dieses Räderwerk einzuhaken, um es zum Stillstand zu bringen oder es gar in die entgegengesetzte Richtung in normalen Gang zu versetzen, ist ein großer Sieg errungen.

f) *Ablenken!* Es gibt depressive Menschen, die bestätigen rückblickend, daß es für sie eine entscheidende Hilfe bedeutete, durch ein Angebot von außen von dem ständigen Kreisen um sich selbst abgelenkt zu werden. Kleine Höhepunkte waren wie winzige Lichtflecken, die für Augenblicke die Dunkelheit zu durchbrechen vermochten.

In einer tiefen Depression wird solch ein Ablenken nicht weiterhelfen, doch im Vorfeld einer Depression hat es sich als hilfreich erwiesen.

g) *Die Hoffnung nicht aufgeben!* Charakteristisch für eine endogene Depression sind die Schwankungen auch innerhalb einer depressiven Phase. Plötzlich kann die Dunkelheit sich aufhellen, so daß der Kranke den Eindruck gewinnt, dem Leben zurückgegeben worden zu sein. Doch dann kann die Dunkelheit aufs neue sich wieder über ihm ausbreiten, als sei der Lichtblick nur ein Spuk gewesen. Aber solche Schwankungen sind hoffnungsvoll. So kann der Helfer immer wieder neu dem Kranken zusichern, daß eines Tages die Dunkelheit ganz verschwindet.

Eine symptomfreie Zeit ist eine gute Gelegenheit, mit

dem Kranken sachlich über den Krankheitsverlauf zu sprechen, um ihm klar zu machen, daß es sich – aufgrund einer biochemischen Störung – um eine verzerrte Wahrnehmung handelt. Wenn er das erkennt, ist es leichter, die eigene Version in Frage zu stellen.

2. Antidepressiva als Regulierungshilfe

Wir wollen hier kurz auf die medikamentöse Behandlung eingehen. Betrachten wir noch einmal die Skizze der Nachrichtenübermittlung in unserem Gehirn, so sehen wir, daß hier ein äußerst komplizierter Mechanismus zugrunde liegt.

Normalerweise übernimmt unser Körper diese Steuerung des Limbischen Systems selbst. Doch es gibt Situationen, in denen der Körper nicht mehr in der Lage ist, die aus der Kontrolle geratene Steuerung zu korrigieren. Daher ist es begründet, in Fällen einer echten Depression Antidepressiva zu Hilfe zu nehmen, die dann im Organismus vorübergehend die Steuerfunktion übernehmen, bis der Körper selbst wieder in der Lage ist, das Gleichgewicht zu halten.

Die Behandlung einer Manie wird heute ausschließlich medikamentös mit sogenannten Neuroleptika (etwa Haldol, Neurozil) und Lithium vorgenommen, wobei Haldol eine schnellere Wirkung zeigt als Lithium, doch gilt Lithium nach wie vor als klassische Wahl. Lithium ist wie Natrium ein Element, das eine Reihe Salze bildet, wie etwa Lithiumcarbonat, das unter dem Namen Hypnorex oder Quilonum retard im Handel ist, oder Lithiumacetat als Quilonum, bzw. Lithiumsulfat als Lithium-Duriles. Bei dieser

Behandlung können zwar geringfügige Nebenerscheinungen auftreten, beispielsweise Zittern der Hände und vermehrtes Durstgefühl, wenn jedoch die niedrigste Erhaltungsdosis herausgefunden worden ist, klingen solche Beschwerden in der Regel wieder ab. Ein größeres Problem bei einer Langzeitbehandlung bereitet die Gewichtszunahme und das Anschwellen der Schilddrüse, Struma genannt. Daher sollte über die auftretenden Beschwerden mit dem behandelnden Arzt gesprochen werden.

Die Behandlung einer Manie muß ohnehin unter ärztlicher Aufsicht durchgeführt werden, da bei Lithium eine regelmäßige Blutkontrolle erforderlich ist, wobei der Lithiumspiegel zwischen 0,8 und 1,2 m val/l liegen sollte. Liegt der Lithiumspiegel über 1,5 m val/l, sind toxische Nebenwirkungen zu erwarten, so daß eine ärztliche Sofortmaßnahme erforderlich wird.

Die Behandlung einer Depression ist wesentlich vielschichtiger als die einer Manie, da hier häufig psychogene Faktoren hineinwirken; dennoch ist auch bei der rein endogenen Form einer Depression in erster Linie medikamentöse Hilfe angezeigt.

Medikamente, die sogenannten Antidepressiva, haben nun sehr unterschiedliche Wirkungsweisen. Einmal sind sie in der Lage, die Wiederaufnahme der Transmitter in das eigene Lager zu verhindern, also abzublocken, so daß genügend Transmitter im Spalt vorhanden sind. (Und in der Tat steigt der Transmitterspiegel nach Einnahme bestimmter Antidepressiva bereits nach vier Tagen.) Zum andern wird angenommen, daß Antidepressiva auch in der Lage sind, die Rezeptorentätigkeit zu regulieren, da nach etwa 14 Tagen sich die Rezeptorentätigkeit wieder normalisiert. (Darüber hinaus gibt es noch weitere Wirkungsweisen, doch mögen diese genannten hier genügen.)

So kann das Gleichgewicht innerhalb der Synapse wiederhergestellt werden. Und die Folge ist – zumindest bei der durch den gestörten Stoffwechsel bedingten Depression: Die Stimmung hellt sich auf; der Schlaf normalisiert sich; der Grübelzwang wird gelöst; ja, auch die körperlichen Sensationen verschwinden.

Da die klassischen Antidepressiva in ihrer chemischen Struktur aus drei oder vier chemischen Ringen aufgebaut sind, spricht man auch von tri- und tetrazyklischen Antidepressiva.

Zu den trizyklischen Antidepressiva zählen – um hier nur die bekanntesten zu nennen – Laroxyl (mit anderem Handelsnamen, doch gleicher Substanz: Saroten, Tryptizol), Tofranil, Anafranil und Stangyl etc.

Zu den tetrazyklischen Antidepressiva gehören u.a. Ludiomil und Tolvin.

Bei 60–80 % der Melancholie werden diese Substanzen mit Erfolg eingesetzt, wobei eine Erleichterung sich in der Regel nach etwa 10–20 Tagen einstellt.

Jedoch wird gelegentlich über geringe – wenn auch unangenehme – Nebenerscheinungen geklagt, wie Mundtrockenheit, erhöhter Puls, Schwindelgefühle, die mit einem veränderten Blutdruck in Zusammenhang gebracht werden können; auch Schweißausbrüche und Schwierigkeiten beim Lesen können auftreten, sowie Verstopfung und Zittern der Hände.

All diese Begleiterscheinungen treten zumeist im Laufe der weiteren Behandlung wieder in den Hintergrund, sobald der Organismus sich auf die Medikamente eingestellt hat oder die Medikation niedriger dosiert wurde.

Bei entsprechender Dosierung zeigt sich in der Regel bereits in der ersten Woche eine gewisse Stimmungsaufhellung, in der zweiten Woche kommt es häufig zu einem Stillstand, so daß der Kranke den Eindruck gewinnt, die alte Schwere sei zurückgekehrt, doch am Ende der dritten Woche kommt es meistens zu einer spürbaren Besserung. Stellt sich durch eine Tabletteneinnahme nicht die gewünschte Erleichterung ein, so kann diese durch intravenöse Infusionen intensiviert werden.

Außer zyklischen Antidepressiva verschreiben einige Fachärzte auch sogenannte MAO-Hemmer. Mono Amin Oxidase ist ein Enzym, das das überschüssige Serotonin oder Noradrenalin im Nervenendknöpfchen abbaut. Durch MAO-Hemmer wird diese Tätigkeit gehemmt, was eine Erhöhung von Serotonin sowie Adrenalin im synaptischen Spalt ermöglicht. Hier ist jedoch der *Blutdruck zu beobachten,* da infolge eines Zusammentreffens mit anderen Medikamenten oder bestimmten Lebensmitteln (wie Käse, Hefeextrakt, Weiß- und Rotweinen) eine *kritische Blutdruckerhöhung* hervorgerufen werden kann; daher ist eine ärztliche Überwachung unbedingt erforderlich.

Nach Überwindung der akuten Tiefphase einer Depression ist es empfehlenswert, die Medikation zur weiteren Stabilisierung noch einige Wochen oder Monate fortzusetzen, um einen Rückfall zu vermeiden. In den letzten Jahren wurde eine neue Substanzgruppe entwickelt (Fluoxetine, Fluvoxamine), die spezifisch eine Serotonin-Erhöhung bewirkt und somit einen stark antidepressiven Effekt hat.

Noch heute führen manche Ärzte – vor allem in den USA – eine Elektrostimulation durch, die in vielen Fällen schwerster Melancholie einen überraschenden Erfolg zeigte.

Durch eine elektrische Reizung wird im Gehirn ein künstlicher Krampfanfall erzeugt, der das Gehirn in höchste Aktivität versetzt. Der Nachteil dieser Behandlung zeigt sich jedoch in einigen Fällen in einer Gedächtnisstörung.

Doch Medikamente allein helfen nicht. Denn Medikamente lösen keine Probleme. Häufig jedoch ist es erforderlich, zunächst durch Medikamente den Kranken aus seiner depressiven Gefangenschaft herauszuholen, um überhaupt eine Gesprächsbasis zu finden.

3. Aufarbeitung negativer Kindheitserlebnisse

Enttäuschungen und Leiden der kindlichen Seele sind ernst zu nehmen, sie dürfen nicht einfach abgetan werden. Gerade diese frühen Eindrücke prägen die spätere Entwicklung mit. Hier wird gleichsam der Grundstein gelegt für das Werden einer Persönlichkeit. Und je nachdem, wie belastend eine Erfahrung sich in der Seele eines Kindes eingegraben hat, liegt ein Schatten über dem Wesen dieses Menschen. Daher ist es hilfreich, wenn im Fall einer psychogenen Depression das vergangene Erleben später noch einmal bewußt verarbeitet wird, so daß es jetzt nicht mehr von der Warte eines verwundeten Kindes, sondern der eines Erwachsenen gesehen werden kann.

Im Unterbewußten nagt oft das Gefühl, Opfer zu sein. Vielleicht war das Kind völlig in der Familien-Pathologie gefangen, so daß es sein Verhalten dieser Pathologie anpassen mußte, um zu überleben. Wird ihm das später bewußt, kann sich Bitterkeit einnisten und Groll gegen Menschen und Gott.

Wenn durch eine gelungene Aufarbeitung Licht in diese dunklen Geschehnisse hineinfällt, kann selbst der Schatten zum Segen werden. Aber andererseits wäre es auch nicht vertretbar, wenn zu viel Gewicht auf frühe Erfahrungen gelegt wird, als seien sie ein Schicksal, dem nun das ganze Leben verfallen ist. Es geht doch vielmehr darum, einen konstruktiven Beitrag zu einer Lebensveränderung einzubringen. Durch die Jagd auf einen Schuldigen und durch offene oder heimliche Vergeltung wird wieder nur ein neues Opfer geschaffen, so daß diese belastende Kettenreaktion anstatt durchbrochen, nur fortgesetzt wird. Es geht um eine gelassene Versöhnung mit der eigenen Vergangenheit in der Gesinnung der Vergebung. Erst dann ist eine Aufarbeitung negativer Kindheitserlebnisse wirklich gelungen.

So lange ein Mensch noch immer zurückschaut und meint, zu kurz gekommen zu sein, kommt er von dieser stillen Klage nicht los und versäumt dadurch, selbst Verantwortung für sein Leben zu übernehmen.

4. Was kann der Kranke selbst tun, um seine Depression zu überwinden?

Generell können einige Punkte herausgestellt werden, die eine Heilung begünstigen:

a) Bestimmen Sie Ihren Standort! D.h., kommen Sie zur Ruhe und versuchen Sie, Ihre Depression einzuordnen. Wenn Ihre Depression durch einen realistischen Verlust ausgelöst wurde, so braucht es Zeit, um mit diesem Verlust fertig zu werden. Wobei es wichtig ist, daß Trauer nicht unterdrückt, sondern bewußt durchlebt wird, damit eine

Heilung stattfinden kann. Solch eine bewußte Verarbeitung geschieht durch wiederholtes Sprechen.

Wenn eine chronische Dauerbelastung vorausgegangen ist, dann sollte die Konsequenz sein, diese Belastung zu verringern.

Aber nicht immer ist es möglich, einem Konflikt auszuweichen. Wie, wenn einer Mutter die Pflege für ihr chronisch krankes Kind eines Tages einfach zu viel wird oder sie dem ständigen finanziellen Druck, dem sie über Jahre hin ausgeliefert ist, nicht mehr standhalten kann? Oder eine Enttäuschung sich an die andere reihte? Oft kommen so viele Mosaiksteinchen zusammen, daß man gar nicht weiß, was letztlich diese lähmende Gemütsschwere verursacht hat. Darum ist es gut, wenn ein Außenstehender zu Rate gezogen wird, der mit Abstand eine Situation beurteilen kann und hilft, Wege zur Veränderung zu finden.

b) Sprechen Sie Ihre Gedanken aus – aber vertrauen Sie nicht Ihrer emotionalen Logik. Wer depressiv ist, dessen Perspektive ist verschoben. Man nimmt Dinge einfach anders wahr, als sie sind. Darum: trauen Sie nicht Ihrem eigenen Urteil. Hören Sie vielmehr, wie ein anderer diese Sache beurteilt. Aber haben Sie auch keine Angst, sich selbst zu offenbaren. Manchmal ist unter einer dünnen Decke der reinste Müllplatz versteckt. Sprechen Sie die Dinge durch. Wieder und wieder.

c) Ziehen Sie sich nicht zurück! Die Versuchung, sich von allem zurückzuziehen, ist sehr groß. Aber es ist wichtig, Freundschaften zu pflegen, das lenkt ab von den eigenen Problemen und hilft, etwas Neues zu sehen.

d) Versuchen Sie, belastende Momente aus der Vergangenheit aufzuarbeiten. Wer Schwierigkeiten stets unterdrückt, kann sie nicht überwinden. Denn auch wenn wir das unangenehme Erleben nicht wahrhaben wollen, ist es doch da. Wir müssen uns damit auseinandersetzen.

Dazu gehört die Vergebung. Solange wir an einem heimlichen Groll festhalten, können wir innerlich nicht wachsen. Wer ist es, der für unsere Misere sühnen soll? Oder hat nicht längst einer gesühnt, damals vor fast zweitausend Jahren außerhalb der Stadtmauern von Jerusalem?

Die Gesinnung der Vergebung ist ein Geheimnis des christlichen Glaubens und zugleich die zentrale Botschaft Jesu. Mit dieser Gesinnung werden wir eher in der Lage sein, unsere negative Vergangenheit zu verarbeiten und unsere Beziehung zu den Mitmenschen neu zu definieren. Und das ist die Voraussetzung, um mit Gott in eine Lebensgemeinschaft einzutreten.

Die Selbstverwirklichungsidee ohne Bezug auf die Gemeinschaft bringt letztlich keine Befreiung, sie führt nur in ein noch größeres Dilemma. Wir können unser Leben nicht vom Du lösen. Darum:

e) Bleiben Sie in einem gesunden Gespräch mit Ihrer Familie! Wir alle sind in eine Familie hineingeboren worden, die wir uns nicht selbst ausgesucht haben, in die wir vielmehr schicksalhaft hineingestellt wurden.

Im Gespräch mit vielen depressiven Menschen habe ich erfahren, wie heilsam es ist, daß man eine neue Perspektive gewinnt. Dazu gehört, daß wir unsere Eltern und Geschwister besser kennenlernen, ihre Träume und Enttäuschungen. Ja, daß wir uns fragen: Wer sind unsere Eltern wirklich? Woher kommen sie? Welche Beziehung hatten sie zu ihren eigenen Eltern? Mit welchen Erwartungen sind sie selbst in die Ehe gegangen und wodurch sind die Konflikte entstanden, unter denen sie litten? Ja, noch weiter: Wer waren unsere Großeltern? Haben nicht bereits sie sich nach Liebe und Geborgenheit gesehnt und wurde nicht auch ihre Erwartung enttäuscht? Sollen wir sie jetzt zum Sündenbock stempeln?

Wenn wir all diese Steine zusammentragen, erkennen wir, wie verzerrt unser Bild war. Doch jetzt kommt es darauf an, daß unsere Individualität innerhalb der Gemeinschaft neu definiert wird. Eine konfliktreiche Beziehung entsteht häufig durch eine falsche Grenzziehung, sei es, daß diese Grenzen zu weit gezogen wurden, so daß keine Wärme aufkommen konnte, sei es, daß sie zu eng waren, daß keine individuelle Entfaltung möglich wurde.[10]

f) Knüpfen Sie neu die Beziehung zu Gott! Es mag sein, daß ein Mensch, wie wir bereits ausgeführt haben, in seiner tiefsten Dunkelheit nicht in der Lage ist zu beten. Aber er kann sich schweigend Gott hingeben in dem Bewußtsein, von Ihm dennoch gehalten zu sein. Er kann sich dem Heiligen Geist öffnen, damit Er selbst das Gebet übernimmt mit einem Seufzen, das allein Gott versteht.

Im Brief an die Römer schreibt Paulus davon, daß »alle Dinge zum Guten zusammen wirken, wenn wir Ihn lieben«. Alle Dinge, auch unsere Depression. So kann Gott auch unsere Depression benutzen, um uns zu lehren. Ja, lehrt sie uns nicht letztlich, wie verwundbar wir sind? Zeigt sie uns nicht unsere Grenzen? Desto zuversichtlicher können wir zu Gott aufblicken und mit seinen Möglichkeiten rechnen.

g) Überprüfen Sie Ihren Lebensstil! Eine Depression ist häufig ein Ergebnis vieler Fehlschaltungen, die u.a. auch durch einen ungünstigen Lebensstil hervorgerufen wurden. Alte Lebensgewohnheiten sollten daher hinterfragt – und notfalls korrigiert werden. Das kann eine Umstellung der Eßgewohnheiten bedeuten, das kann zu einem regelmäßigen Körpertraining an frischer Luft überleiten; wieder für einen anderen mag die Konsequenz sein, eine außereheliche Beziehung abzubrechen, oder ein anderer wird nach Menschen Ausschau halten, die ähnliche Interessen vertreten wie er.

Es ist verständlich, daß man so schnell wie möglich von einer unangenehmen Last freiwerden möchte. Aber das ist eine Illusion. Heilung braucht Zeit. Das gilt schon für eine einfache Erkältung und für jede Art der Entzündung oder bei einem Bruch. Aber es gibt auch Krankheiten, die einen chronischen Verlauf nehmen. Und diese Krankheiten sind erfahrungsgemäß sehr schwer zu beeinflussen. Dennoch – je bewußter diese genannten Punkte durchleuchtet werden, desto eher wird eine Erleichterung sich zeigen – und sei es durch eine neue Lebensperspektive.

5. Was können wir tun, um eine Depression zu vermeiden?

Nun mag manch einer, der aus seiner dunklen Nacht erwacht ist, glauben, jetzt für alle Zeiten das Geheimnis entdeckt zu haben, und er mag in den Slogan einstimmen: »Nie mehr depressiv!« Aber wer solch eine Behauptung vertritt, der irrt. Denn – können wir unser Leben wirklich kontrollieren? Nein. Heute mag es uns gelingen, und morgen können wir fallen, je nachdem mit welchen Lebenssituationen wir konfrontiert werden. Dennoch können wieder einige Stufen eine Hilfe werden:

a) Leben Sie verantwortlich! Zu einem verantwortlichen Leben gehört der Umgang mit Streß. Wer glaubt, beliebig über seine Kräfte verfügen zu können, der wird eines Tages erfahren, daß der Körper sich rächt. Das heißt nun nicht, daß wir jedem Streß ausweichen müßten! Auch Streß gehört zu unserem Leben; aber er darf nicht zu einem Dauerzustand werden. Wenn wir daher Zeiten des Stresses haben, müssen wir darauf achten, daß eine Zeit der Ruhe folgt, in der sich unser Körper und unsere Seele wieder erholen können. Nicht umsonst hat Gott seinem Volk einen Ruhetag verordnet!

Auch eine einseitige Dauerbelastung kann sich auf unsere Gesundheit nachteilig auswirken. Viele ziehen es vor, ihre freien Stunden vor dem Fernseher zu verbringen, anstatt sich körperlich zu betätigen. Doch gerade wer aus beruflichen Gründen viel in Büroräumen verbringt oder stundenlang mit dem Auto unterwegs ist, sollte sich Zeit nehmen, im Garten zu arbeiten oder zu wandern. Das wiederum wird sich positiv auf den Schlaf auswirken. Und wenn der Körper ausgeruht ist, ist er auch belastbarer. Wer sich dagegen ständig dem Lärm aussetzt, muß sich nicht wundern, wenn eines Tages sein Körper streikt.

b) Ernähren Sie sich gesund! Heute ist die Versuchung sehr groß, sich aus Zeitgründen mit einem Schnellimbiß zufrieden zu geben. Wenn diese Ernährung jedoch über eine gewisse Zeit durchgeführt wird, kann das Probleme mit sich bringen. Da kein Nahrungsmittel alle Vitamine und Mineralien enthält, die unser Körper braucht, sollte unsere Nahrung so abwechslungsreich und frisch wie möglich sein, damit unser Körper mit den wichtigsten Nährstoffen versorgt wird.

c) Achten Sie auf Ihre Beziehungen! Vor allem die Beziehung in einer Ehe kann sich sehr belastend auswirken; daher ist es wichtig, offen zu sein für ein ehrliches Gespräch, in dem diese Beziehung gereinigt werden kann. Dasselbe gilt für Beziehungen innerhalb der Familie und am Arbeitsplatz. Eine problematische zwischenmenschliche Beziehung ist ein ernstzunehmender Dauer-Streßfaktor.

Viele Depressionen werden durch eine gegenseitige Abhängigkeit verursacht, die dem einzelnen keinen Freiraum gewährt. Daher ist es wichtig, wenn wir ein gesundes Selbst entwickeln, damit wir dem anderen ein Du sein können. Das gilt nicht nur in einer Freundschaft, sondern auch in einer Ehe.

d) Seien Sie ehrlich mit sich selbst und mit Ihren Freunden! Bemühen Sie sich nicht, irgend jemand zu sein. Mehr zu sein, als Sie sind. Versuchen Sie nicht, andere zu beeindrucken. Sie dürfen Fehler machen. Sie müssen nicht vollkommen sein. Wenn wir uns dem anderen ehrlich mitteilen, ist es leichter, uns zu respektieren.

e) Verändern Sie Ihr Denken und fangen Sie an zu danken! Achten Sie auf Ihre inneren Selbstgespräche; wieviel negative Gedanken werden hier oft zum Ausdruck gebracht! Wenn Ihr Denken sich vorwiegend mit negativen Gedanken beschäftigte, dann fangen Sie an, sich bewußt im Danken einzuüben; denn negatives Denken bringt immer ein negatives Resultat hervor. Sprechen Sie das Gute aus. Sparen Sie nicht an Ihrem Dank. Wenn wir von einer Einübung sprechen, so ist damit nicht etwas Mechanisches gemeint – wir können Vertrauen nicht »machen« – vielmehr erwächst aus dieser neuen Haltung eine neue Schau.[9]

f) Investieren Sie mehr Zeit in Ihre Beziehung zu Gott! Dazu gehört das Gespräch mit Gott und das Sichbeschäftigen mit seinem Wort. Es ist nicht genug, dieses Wort als täglichen Schnellimbiß zu sich zu nehmen in Form der Losungssprüche. Es geht darum, dieses Wort in sich aufzunehmen und wirken zu lassen. Dann werden wir uns Gott öffnen, ihm Einblick gewähren in unser Leben.

g) Vertrauen Sie Gott! Das Leben ist nicht immer leicht. Aber brauchen wir nicht auch Schwierigkeiten, um zu reifen? Um Frucht hervorzubringen? Manchmal läßt Gott Dinge in unserem Leben zu, um uns zu zeigen, wer wir sind und wer Er ist. Da ist es unsere Schwachheit, die von Seiner Kraft zeugt.

Es mögen Situationen in unser Leben kommen, mit denen wir nicht fertig werden. Was wissen wir? Derjenige, auf den wir unser ganzes Leben gebaut haben, kann uns plötzlich genommen werden. Etwas Unvorhergesehenes kann eintreten, mit dem wir nicht gerechnet hatten. Da verliert einer die Arbeitsstelle und hat keine Sicherheit mehr. All das aber können wir dann als eine besondere Gelegenheit betrachten, Gott besser kennenzulernen, Ihm selbst zu begegnen.

III. Depression als Chance der Neubesinnung

Wir haben verschiedene Gesichter einer Depression betrachtet und gesehen, daß es irgendwann im Laufe einer depressiven Entwicklung zu einer bio-chemischen Entgleisung kommen kann, die wir dann nicht mehr so leicht steuern können; sodann haben wir einige Punkte aufgezeigt, die dazu führen sollen, unser Leben zu verändern. Da mögen manche Dinge sein, die wir ändern können, vor allem dann, wenn es um einen lang gehegten Groll geht oder eine Bitterkeit, vielleicht eine Enttäuschung, über die wir nicht hinwegkommen.

Doch manchmal mögen wir uns fragen: Ist unser Leben nicht ein Schicksal, das uns von Gott auferlegt wurde und das wir nicht beeinflussen können? Es ist immer beides. Mal ist es unsere Verantwortung, unser Leben neu zu konzipieren, mal können wir nicht anders, als es geschehen zu lassen.

Jedoch stets passiv sich in ein vermeintliches Schicksal zu ergeben, wäre fatalistisch; selbst Schicksal spielen zu wollen, Vermessenheit. »Der Mensch wirft das Los, aber es fällt, wie der Herr es will« (Spr. 16,33). So ist es immer beides: das Handeln des Menschen und das Handeln Gottes. Es ist beides ineinander verwoben. Daher sollte unsere Grundhaltung Vertrauen sein: Vertrauen in die Weisheit Gottes, die unsere Weisheit weit übersteigt – und aus diesem Vertrauen heraus können wir handeln. Dann wird unser Handeln eine Gelassenheit ausstrahlen, die unser ganzes Leben durchdringt. Es ist ein Erkennen und eine Konsequenz. Und das betrifft das ganze Leben. Unser Gestern und Heute und auch unser Morgen.

Wir können heute nicht unser Morgen festlegen. So wie das Volk Israel jeden Tag neu sich aufmachen mußte, um Manna zu sammeln, sind auch wir jeden Tag aufs neue Empfangende. Damit bleiben wir in einer ständigen Abhängigkeit zu dem, der uns dieses Manna zuteilt. Doch je mehr wir es lernen, ihm zu vertrauen, desto sicherer werden wir und desto mehr werden wir in dieser ruhigen Gelassenheit wachsen.

LITERATURVERZEICHNIS

[1] Kielholz, P. (Hrsg.):   Depressive Zustände, Hans Huber, Bern 1972, S. 12

[2] Birkmayer, W.:   Depression, Deutscher Ärzte-Verlag, Köln 1977

[3] Huber, G.:   Psychiatrie, F.K. Schattauer Verlag, Stuttgart 1974

[4] Horie, M. u. H.:   Wenn Gedanken Mächte werden ..., R. Brockhaus, Wuppertal, 3. Auflage, 1992

[5] Horie, M. u. H.:   Mit der Seele per Du, R. Brockhaus, Wuppertal, 3. Auflage, 1992

[6] Lam, R.W.; Kripka, D.F.; Gillin, J.C.:   Phototherapy for Depressive Disorders: A. Review, Can., J. Psychiatry Vol. 34, March 1989, S. 140–145

[7] Ott, Elisabeth: Die dunkle Nacht der Seele, Aug. Laub GmbH, Elztal–Dallau, S. 73

[8] Horie, M. u. H.:   Wenn Vorbilder trügen, R. Brockhaus, Wuppertal 1992

[9] Horie, M. u. H.:   Einübung ins Vertrauen, R. Brockhaus, Wuppertal 1990

[10] Horie, M. u. H.   Wenn Vorbilder trügen. Abhängigkeiten als Mitgestalter unseres Lebens, ebd. 1992

[11] Beck, A.T.:   Kognitive Therapie der Depression, Weinheim 1986

[12] Kammer u. Hautzingér: Kognitive Depressionsforschung, Bern 1988

Von den gleichen Verfassern:

Wenn Gedanken Mächte werden
Die Krise als Chance nutzen

128 Seiten, ABCteam-Paperback, Bestell-Nr. 12 439

Streß, Angst, Unsicherheit, Freude, Traurigkeit – all diese Ge-
fühle lösen körperliche Reaktionen aus. So entsteht ein Kreislauf
von ungreibaren, aber wirksamen Abläufen. Wie gehen wir damit um? Nach einer »Kleinen Anatomie« des Gehirns geht es um
das Zusammenspiel von Denken und Fühlen. Der Leser wir ein-
geladen, an einer Veränderung mitzuarbeiten.

Stufen der Befreiung
Scheitern und Neubeginn

120 Seiten, ABCteam-Paperback, Bestell-Nr. 12 360

Scheitern bezieht sich nicht nur auf das eine oder andere Erleben,
es betrifft den Kern der Persönlichkeit. In diesem Buch möchten
die Autoren die Leser mitnehmen auf eine abenteuerliche Expe-
dition in das Labyrinth der Seele. Das Ziel des Buches ist es, Ver-
borgenes aufzudecken, Gebundene von den Fesseln zu lösen und
jene, die vor den Trümmern ihres Lebens stehen, mit neuer Hoffnung zu erfüllen.

Achtung: Fehlschaltung!
Sind seelische Störungen vermeidbar?

80 Seiten, R. Brockhaus Taschenbuch, Bestell-Nr. 20 313

Anhand von zahlreichen Beispielen aus langjähriger nervenärzt-
licher Praxis werden hier nicht nur Hintergründe psychischer
Störungen aufgezeigt, sondern auch ein Weg gewiesen, wie Fehlschaltungen korrigiert werden können. Hier ist ein Buch für
Menschen, die an Depressionen leiden oder in einem zwischenmenschlichen Beziehungsnetz gefangen sind – sei es in der Ehe,
in der Familie oder am Arbeitsplatz.

Vom Reden und Schweigen

64 Seiten, R. Brockhaus Taschenbuch, Bestell-Nr. 20 416

Das menschliche Miteinander bringt nicht nur Vorteile mit sich, sondern verursacht auch massive Probleme. In dem vorliegenden Buch wollen wir zunächst Formen einer gestörten Kommunikation aufzeigen, sodann einige grundsätzliche Überlegungen anschließen, um endlich miteinander neue Wege zu einer gesunden Kommunikation zu suchen. Denn Kommunikation ist erlernbar!

Umgang mit der Angst

104 Seiten, R. Brockhaus Taschenbuch, Bestell-Nr. 20 388

Angst gehört zu unserem Leben. Solange wir auf dieser Erde sind, werden wir Angst erfahren. Es wäre sinnlos, sie zu leugnen. Wir können zwar versuchen, sie zu überspielen; aber damit ist sie noch nicht besiegt.

Mit der Seele per Du
Psychische Krankheiten und was wir tun können

112 Seiten, R. Brockhaus Taschenbuch, Bestell-Nr. 20 457

Das Buch ist aus der Praxis entstanden. Die Themen reichen von Veranlagung, Ernährung, psychischen Krankheitsbildern, Kritik an modernen Therapieangeboten bis hin zur Person des Helfers, dem hier praktische Hilfestellung für die Beratungssituation gegeben wird. Dieses Buch ist als kurze Orientierungshilfe gedacht, sowohl für den Hilfesuchenden als auch für den Helfer.

Das verlorene Ich
Vom Minderwertigkeitsgefühl zur Selbstfindung

96 Seiten, R. Brockhaus Taschenbuch, Bestell-Nr. 20 368

Minderwertigkeitskomplexe verstecken sich hinter vielen Gesichtern. So haben z.B. häufig auch Aggressionen und Depressionen sowie andere psychische Störungen letztlich ihre geheime Wurzel in einem Minderwertigkeitskomplex. Es ist dieses Ungleichgewicht zwischen Soll und Ist, das erst durch eine gesunde Selbstfindung und neue Identität aufgehoben werden kann.